Roswitha Stark

Rituale im Jahreskreis

Heilung für Seele,
Körper und Erde
im Rhythmus der Natur

Haben Sie Fragen an
Roswitha Stark?
Anregungen zum Buch?
Erfahrungen, die Sie mit
anderen teilen möchten?

Nutzen Sie unser Internetforum:
www.mankau-verlag.de/forum

mankau

Bibliografische Information der Deutschen Nationalbibliothek
Die Deutsche Nationalbibliothek verzeichnet diese Publikation in der Deutschen Nationalbibliografie; detaillierte bibliografische Daten sind im Internet über http://dnb.d-nb.de abrufbar.

Roswitha Stark
Rituale im Jahreskreis
Heilung für Körper, Seele und Erde im Rhythmus der Natur
ISBN 978-3-86374-573-8
2. kompl. überarb. Auflage 2020 (1. Aufl. 2014)

Mankau Verlag GmbH
D-82418 Murnau a. Staffelsee
Im Netz: www.mankau-verlag.de
Internetforum: www.mankau-verlag.de/forum

Lektorat: Josef K. Pöllath, Dachau
Endkorrektorat: Susanne Langer-Joffroy M. A., Germering
Gestaltung Umschlag: Andrea Barth, Guter Punkt GmbH & Co. KG, München
Gestaltung Innenteil: Sebastian Herzig, Mankau Verlag GmbH
„Lichthelfer"/Geometrien: Sina Graner, Augsburg

Zitat von Nazim Hikmet (3): Der Verlag konnte trotz intensiver Recherche den Rechteinhaber nicht ausfindig machen. Für weiterführende Hinweise sind wir dankbar!

Bilder: william87 - iStockphoto.com (4, 13); 7Michael - iStockphoto.com (4, 23); focusstock - iStockphoto.com (4, 38); pio3 - Fotolia.com (5, 81); NASA, ESA, S. Beckwith (STScI), and The Hubble Heritage Team STScI/AURA) (5, 62); BabelStone (5, 133); NuStock - iStockphoto.com (6); James Thew - Fotolia.com (16/17); Ulga - iStockphoto.com (29); Torresigner - iStockphoto.com (30); Tjefferson - Fotolia.com (32/Hintergrund); 1xpert - Fotolia.com (32/Planet); cosmin4000 - iStockphoto.com (35); Astrid860 - iStockphoto.com (40/41); beltsazardaniel - iStockphoto.com (46); Ultima_Gaina - iStockphoto.com (54); satori13 - iStockphoto.com (58); Roswitha Stark (64, 73, 87, 135); digitalfarmer - iStockphoto.com (67); Andrey Kuzmin - Fotolia.com (75); Kesu - Fotolia.com (76); ProMotion - Fotolia.com (77); iamupumai - Fotolia.com (78/79); yanukit - Fotolia.com (85); kwasny221 - Fotolia.com (89); JoeGough - iStockphoto.com (90/91); Gina Sanders - Fotolia.com (93); Fotimmz - Fotolia.com (98); leonid_tit - iStockphoto.com (101); JanBer405 - iStockphoto.com (107); AlanMBarr - iStockphoto.com (109); vicnt - iStockphoto.com (113); leonid_tit - iStockphoto.com (117); viperagp - iStockphoto.com (121); sarradet - iStockphoto.com (125); Tomwang112 - iStockphoto.com (127); Milous - iStockphoto.com (130); ldambies - iStockphoto.com (141); aotearoa - Fotolia.com (143); Greatstockimages - Fotolia.com (147); TTstudio - Fotolia.com (149); fotoknips - Fotolia.com (151); Piotr Wawrzyniuk - Fotolia.com (155); Christian Müller - Fotolia.com (157); dell - Fotolia.com (158/159); Alex Tihonov - Fotolia.com (184); blackred - iStockphoto.com (194/195)

FSC www.fsc.org MIX Papier aus verantwortungsvollen Quellen FSC® C110508

Druck: Westermann Druck Zwickau GmbH, Zwickau/Sachsen

Leben
einzeln und frei
wie ein Baum
und brüderlich
wie ein Wald
ist unsere Sehnsucht

Yaşamak
Bir ağaç gibi
Tek ve hür
Ve bir orman gibi
Kardeşcesine
Bu hasret bizim

Nazim Hikmet, türkischer Dichter

Widmung

Für meine Mutter Elfriede
Diesen Namen konntest du nie leiden.
El-Friede
Der Frieden
Welch wunderbarer Name.

Inhalt

Prolog

Was für ein Jahr! 2020, das Jahr, in dem plötzlich alles anders war. Die große Angst vor einem kleinen Virus, von dem niemand vorher gewusst hatte, dass es ihn überhaupt gibt. Das kleine unsichtbare Ding mit dem seltsamen Namen Corona, eigentlich schön und wohlklingend wie „Krone" oder doch so etwas wie eine unsichtbare, wenig oder gar nicht greifbare Aura? Plötzlich seltsame Maßnahmen, „Lockdown" – dieses Wort wird wohl noch lange Zeit im Gedächtnis bleiben. Und das weltweit. In rasender Geschwindigkeit. Das „Leben" wurde lahmgelegt. Und das Leben begann. Anderswo. In den Gewässern, die plötzlich so rein und klar waren, dass die Delphine zurückkehrten, bis an die Kaimauern, um die Fischer und die wenigen Touristen zu erfreuen. Anderswo. In der Luft, in der man in manchen großen Städten der Welt das Gegenüber plötzlich wieder erkennen konnte und den Himmel staunend sah, weil Smog und Feinstaub sich senkten und kaum neuer nachkam. Anderswo. Hoch oben am Himmel, wo normalerweise Tausende riesiger Flugzeugleiber um freien Platz ringen und jetzt Vogelzüge friedlich ihre stille Bahn zogen. Anderswo … wirklich anderswo?

Tiefer Frieden kehrte in mir ein in dieser Zeit des erzwungenen Rückzugs. Nein, gezwungen fühlte ich mich nicht. Ich spürte, wie Mutter Erde und Vater Himmel aufatmeten und mein Herz mit ihnen. Und mit ihnen das Herz der Tiere und das Herz der Pflanzen und das Herz der Natur überhaupt. Atempause! Ich war froh um jeden Tag mehr Atempause, für die Natur, für Mutter Erde und für alle Wesen auf ihr. Jeden Tag zwitscherten die Vögel lauter, wurden die Insektenschwärme dichter. Freude in meinem Herzen. Wie intelligent und großartig habt ihr das nur eingefädelt – Mutter Erde und Vater Himmel und was sonst noch mit euch und uns ist.

Frei von Angst und Panik um meine „Existenz" ging es mir gut. Ich verband mich mit den Elementen und den Kräften der Natur und wusste, dass ich selbst die Existenz bin und dass ich sogar selbst der kleine Virus bin und dass ich auch die Manipulierenden der Welt bin und dass ich auch die bin, die manipuliert wird. Na und. Ich bin ALLES, was IST. So wie wir alle. Was soll da schon Schlimmes geschehen. Ich verweilte meditativ auf dem Boden der duftenden Erde, am Wasserfall und in der klaren Luft, verband mich mit ihren Kräften, hörte ihre Botschaft und war beruhigt. Es ist alles gut! Es kann dir nichts geschehen! Im großen Plan, den wir aus den Augen verloren haben, musste es so sein. Und es geht weiter! MITEINANDER, entgegen den Reibungen und Spaltungsbewegungen, die diese Zeit begleiten, sind wir zusammen stark. Es ist eine sanfte Stärke, die uns viel weiter trägt in ein gemeinsames Wohlbefinden, als es harter Durchsetzungswille je könnte. Wir schauen auf den anderen und dessen Wohl, denn dann geht es auch uns gut. Es ist eine hohe Zeit, in der sich neue Bewusstseinsebenen geöffnet haben. Gegen Widerstände, ja. Aber alles, was neu und ungewohnt ist, erzeugt erst einmal Reibung, bis wir bemerken, wie schön er eigentlich ist – dieser neue Weg. Lasst ihn uns zusammen gehen, mit allen Menschen, mit Mutter Erde, mit Vater Himmel und mit allem, was ist. An den acht großen Stationen der Jahreskreisfeste ist Gelegenheit dazu. Und zwischendurch auch!

In großer Dankbarkeit

Roswitha Stark

Meditationen im Jahreskreis

Das Hörbuch „Rituale im Jahreskreis“ ist eine gute Ergänzung zum Buch. Es bietet nicht nur Wissenswertes über die praktische Ritualarbeit, sondern zu jeder der acht elementaren Stationen im Jahreskreis eine kraftvolle Meditation aus diesem Buch. Beide CDs sind mit meditativer 432 Hz-Musik von gareth unterlegt; Sprecherin ist Verena Rendtorff. → Seite 198

Einleitung

Dies ist kein „normales“ Ritualebuch. Denn dazu gibt es schon viele gute Bücher. Es ist ein Buch, das beschreibt, wie du allein oder mit deiner Gruppe aus der vollen Kraft deines Bewusstseins heraus noch mehr Gutes und Lichtvolles erschaffen kannst. Etwas, das die Power hat, etwas Großartiges zu erschaffen, etwas, das nachhaltig und stark genug ist, die Erde zum Wohle aller Lebewesen zu verändern. Nein, das ist nicht zu hoch gegriffen. Mit unseren Milliarden lichtaktiver Zellen sind wir wahre Hochvoltkraftwerke, und diese Kraft, bewusst und wohldosiert eingesetzt, kann wahrlich Berge versetzen.

Ja, der Glaube kann Berge versetzen, und mit dem Wort Glaube meine ich vielmehr „Bewusstsein“. Bewusstsein ist mehr als nur Meditation oder Verbindung mit den Naturwesen. Es ist die tragende und heilende Kraft des Lebens überhaupt. Bewusstsein ist auch viel mehr als deine Gedanken. Es ist spürbar, wenn du bewusst bist und bewusst agierst, zum Beispiel an den markanten acht Punkten des Jahreskreises. So oft schon habe ich fantastische Dinge in der „echten Realität“ erlebt nach einem bewusst durchgeführten achtsamen Ritual, ganz egal, ob alleine oder in der Gruppe. ES geschieht dann einfach. Je weniger Druck und Wollen du erzeugst, desto leichter und selbstverständlicher geschieht Veränderung. Das Universum weiß schon, was du möchtest. Oft reicht die Verbindung zu allem, was ist, vollkommen aus.

Die überlieferten Bräuche, Zeremonien und Feste zum Jahreskreis stimmen uns ein in die Welten der Kelten, Germanen, Maya, Indianer und anderer Kulturen der Welt, in den Klang von Verehrung, Achtsamkeit und Liebe. Wir lesen in ihren Überlieferungen wie in einem Märchenbuch, riechen den würzigen Duft der heiligen Haine oder schamanischen Räucherwerke, hören die pulsierenden Trommelklänge und wiegen uns, verträumt die Augen gesenkt, zu ihrem irdenen Rhythmus. Wir fühlen uns wohl in der Gemeinschaft des Kreistanzes und inmitten der verbindenden Zauberworte oder mehr oder weniger geheimen Formeln. In solchen Augenblicken des Beisammenseins fühlen wir uns besonders gut. Betteten die Urvölker die Rituale stark in ihren Alltag ein, so sind diese Dinge für uns „zivilisierte“ Menschen etwas ganz Besonderes, und anders als in den Überlieferungen nutzen wir Rituale, um dem Alltag entfliehen und neue Kraft tanken zu können.

Feste als Möglichkeit zum Innehalten

Hierzu haben wir uns die vielfältigsten Anlässe geschaffen: den Kirchgang am Sonntag, das Feiern von Festen im Jahreskreis wie Ostern, Weihnachten, Dreikönig, Sonnwendfeiern, Vollmondrituale, Halloween etc. Viele lieben aber auch die kleinen Zeremonien: das gemeinsame Abendessen, zu dem sich die ganze Familie trifft und in Ruhe Erfahrungen des Tages austauscht, die Gute-Nacht-Geschichte für die Kinder, das Tischgebet vor dem Essen. Vielleicht auch die gemeinsame Ernte im Spätsommer, bei der alle mithelfen, um anschließend den Segen der Natur gemeinsam zu feiern.

Wie ist das in unserem Alltag? Ist das auch ein Ritual, wenn ich morgens vor dem Frühstück immer zuerst meinen Computer einschalte, um meine E-Mails zu checken? Oder mich in Facebook einlogge, um zu sehen, wer mit mir chatten oder wer mit mir nichts mehr zu tun haben möchte? Oder dass ich immer zwischen sieben und acht Uhr zuerst einmal alle meine Anrufe erledige? Dass ich zweimal am Tag dusche? Oder mir vom Hund immer die Zeitung bringen lasse? Die Unterscheidung zwischen purer Gewohnheit und echtem Ritual ist manchmal nicht so leicht, ist aber auch nicht so wichtig.

Ein sehr unbewusstes Ritual ist es sicherlich, wenn ich frühmorgens als Erstes den Fernseher einschalte und mich dann den ganzen Tag berieseln lasse, bis ich ihn vor dem Zubettgehen wieder ausschalte (oder vielleicht schlafe ich sogar vor der Mattscheibe ein). Die abendliche Gute-Nacht-Geschichte für mein Kind kann ich mit der Absicht vorlesen, dass es möglichst schnell einschlafen möge, damit ich meine Ruhe habe, oder mit der Absicht, mir bewusst diese Zeit mit meinem Kind zu gönnen, damit wir beide unsere Seele nähren. Das Kind – und letztlich auch ich –

Was sind Rituale?

Rituale haben eine bestimmte Form und einen bestimmten Inhalt. Sie werden mit einer ganz bestimmten Absicht bzw. Intention vollzogen. Die Unterscheidung, ob es ein echtes Ritual oder nur eine Gewohnheit ist, zeigt sich am Grad des Bewusstseins bzw. Unbewusstseins.

In der Gruppe potenziert sich die Kraft der Rituale.

wird den Unterschied spüren. Die Absicht, Gottesdienste – vor allem in der katholischen Kirche – nach einem bestimmten Ritus abzuhalten, mag ursprünglich gewesen sein, die Gemeindemitglieder zum gegenseitigen Füreinander-da-Sein und zur Ehrung der Schöpfung anzuhalten. Aber wie wir wissen, wurde im Lauf von Jahrhunderten die Absicht pervertiert, und der Ritus Gottesdienst verkam immer mehr zum Instrument der Manipulation und leider auch der Macht- und Geldgier.

Rituale zum Wohle aller

So haben Rituale immer zwei Seiten, wie alles in dieser Welt der Polarität: Wir können sie zum Wohle von allem, was ist, verwenden, um die Erde – und damit uns selbst – zu heilen und uns zu mehr Frieden und Glück zu verhelfen. Oder wir verwenden sie, um uns selbst in den Vordergrund zu schieben, uns zu bereichern, um mehr Macht zu haben und die Kontrolle über andere – einschließlich unsere Erde – zu festigen. Zu allen Zeiten und in allen Kulturen wurde auch schwarz-magisch gearbeitet, um bestimmte egoistische Ziele zu erreichen. Magische Rituale haben sehr viel Kraft, und auch Voodoo-Zauber funktioniert, jedoch der Satz „Tu anderen nur das an, was du möchtest, das man dir tu" unterliegt den Gesetzen der Resonanz. „Wie du in den Wald hineinrufst, so hallt es zurück." Und das Echo dessen, was du tust, fällt unweigerlich auf dich zurück. So gibt es also tatsächlich auch Gefahren und Risiken beim Ausführen von (magischen) Ritualen, deshalb sollten wir schon wissen, wann, zu welchem Zweck und in welcher Form wir ein Ritual ausführen wollen.

Mutter Erde macht es nicht viel aus, wie und zu welchem Zweck wir nach bestimmten Ritualen handeln. Wenn wir mit dem Grundgedanken handeln, die Erde zu stärken und uns wieder auf die Werte der Schöpfung und die Harmonie aller Lebewesen zu besinnen, dann freut sich Mutter Erde, und wir werden liebevolle Energien von ihr zurückerhalten. Schwarze Magie sowie negative Emotionen und Gedanken mögen dem lebendigen Wesen Erde wehtun, so wie es eine Mutter schmerzt, wenn ihr Kind aus Mangelbewusstsein, Neid und Gier heraus handelt. Dennoch wird sie sich zu wehren wissen, und sie wird sich auf ihre Art und Weise von dieser Negativität befreien; meist durch große Reinigungsaktionen, bei der ihr die Elemente Wind, Wasser, Feuer und Äther helfen. Wenn die Erde Gifte und Schlacken abschüttelt, die wir Menschen erzeugt haben, erfahren wir dies durch persönlichen Schmerz und persönliches Leid, einfach deswegen, weil dies immer eine Chance ist, aus negativ empfundenen Erfahrungen zu lernen. Am Ende aber, wenn der körperliche Tod uns holt, wird Mutter Erde ihre großen weichen Arme weit öffnen, wie sie das immer schon getan hat, uns liebevoll in ihren Leib zurücknehmen und uns sanft an ihr Herz drücken, ohne Unterschied, was oder wer wir waren. Denn sie weiß, dass wir alle ihre Kinder sind und nach einer Zeit des Ausruhens im unendlichen Universum neu geboren werden, um das Spiel des Lebens neu zu beginnen.

Der besondere Wert dieses besonderen Ritualebuches

Ich habe in den letzten zehn Jahren als Autorin und Heilerin erfahren, dass ich immer dann ein Buch schreiben soll, wenn meine „Geisterchen", wie ich meine wohlwollenden Helfer und Begleiter aus der feinstofflichen geistigen Welt liebevoll bezeichne, mir Inspirationen, Ideen und Wichtigkeiten einflößen, die ich irgendwann nicht mehr ignorieren kann. Und so entstehen zum Beispiel viele Impulse in meinen Seminargruppen, durch die sich in den letzten Jahren Erde und Umwelt immer stärker „zu Wort" meldeten. Immer stärker sollten wir neben individuellen auch globale Themen wie Umweltverschmutzung, Kriege, Aggression, Gier, Machtmissbrauch und Ausbeutung behandeln und mit den Mitteln fokussierter Energiearbeit einen Teil zur Harmonisierung beitragen. Diese scheinbar universellen und übergeordneten Themen hatten jedoch immer auch eine persönliche Resonanz in den Teilnehmern der Gruppen und bewirkten auch persönliche Veränderungen hin zu mehr Kraft und Selbstbewusstsein. So war und ist jeder Einzelne von uns gefordert, auch seine eigene zutiefst verborgene gierige, zerstörerische, machtbesessene, ausbeuterische und rücksichtslose Seite zu erkennen und zu heilen, auch wenn das nicht gerade schmeichelt. Aber es lohnt sich! Erst dann oder zumindest parallel zu diesem persönlichen Prozess können wir gemeinsam – aber auch allein – die Erde, unseren wunderbaren und einzigartigen Heimatplaneten heilen.

Symbole als starke Helfer zu den Jahreskreisfesten

Da mein heilerischer Schwerpunkt seit zwanzig Jahren die Arbeit mit feinstofflichen Energien und heilsamen Symbolen ist, lag es nahe, dass dies das Besondere an diesem Buch werden sollte. So habe ich für jede wichtige Station im Jahreskreis eine spezielle Geometrie entwickelt, die den ganzen Ritualeprozess sehr kraftvoll mit ihren heilenden Energien begleitet. Jede Jahreskreis-Geometrie ist in gewisser Weise ein Kristall. Dieser repräsentiert das universelle Bewusstsein, das weit über die Erde hinausreicht und mit der kosmischen Urquelle oder Zentralsonne korrespondiert. Es ist das Vater-Mutter-Bewusstsein, die Anbindung an das Urfeld der Seele, die ewig, unendlich und frei ist. Es ist das Licht des Universums, das über diese Kristallkarte eingefangen wird und genau an diesem Ort und zu diesem Zeitpunkt, an dem Sie Ihr Bewusstsein im Jahreskreis darauf ausrichten, wie ein Laserstrahl gebündelt als reiner Licht-Kraft-Energiestrahl zu höchster Durchdringungskraft aktiviert wird. Mit den acht Jahreskreis-Geometrien verfügen Sie über machtvolle Verstärker aus dem Kollektivfeld des Universums für Ihre Arbeit.

Dein Bewusstsein heilt Körper, Seele, Erde und Universum

Bewusstes Handeln heißt zunächst einmal, Stopp zu sagen zu den Stress erzeugenden Beschleunigungen, die durch das Massenbewusstsein gefördert werden. Das (unbewusste) Handeln der meisten Menschen in der westlichen Welt ist geprägt von den Informationen, die ohne Pause durch Massenmedien, Internet und andere technische

Medien auf uns einrieseln (deswegen habe ich meinen Fernseher schon seit Langem abgeschafft). Deren Botschaften verführen uns zu der Illusion, wir seien machtlos und könnten die Armut der Welt und den ständigen Überlebenskampf ohnedies nicht ändern. Unterbewusstsein und Ego halten uns durch diese scheinbar bestätigenden Botschaften, wie das Leben nun einmal sei, in einer Angstschwingung fest, die wiederum negative Wirklichkeiten für uns und unsere Umgebung erschafft.

Angst und negative Glaubenssätze über uns selbst und andere führen aber leider zu einer ausgesprochen kräftezehrenden Lebensweise, in der wir immer schneller und hektischer durchs Leben rennen, um das vermeintlich Lebensnotwendige zu ergattern und uns abzusichern: den Job, das Auto, den Partner, die Rente ... Diese Beschleunigung, dieser Stress und diese Hektik schwächen uns immer mehr, die Spitze des Getriebenseins ist längst erreicht! Circa die Hälfte der Einwohner in Deutschland ist ausgebrannt (Burn-out) und auf dem besten Weg zu Lethargie und Depression.

Fragen Sie einmal in Ihrem Bekanntenkreis, wer wirklich ein glückliches und zufriedenes Leben führt! Wollen Sie tatsächlich so weiterleben?

Wie innen so außen, wie oben so unten – unsere Gedanken, Ideen und Taten treffen auf Resonanz im gesamten Universum und in der kleinsten Zelle unseres Seins. Unsere Gedanken werden zur Wahrheit und bilden unsere Realität, ob wir das im positiven, heilenden Sinne einsetzen oder nicht. Unsere Aktionen zur Heilung der Erde und ihrer Geschöpfe sind wesentlich wirkungsvoller, als wir glauben. Allein die Absicht zu helfen hat bereits eine Wirkung, auch wenn wir diese nicht sehen können.

Dennoch sind positive Informationen im feinstofflichen Feld bereits vorhanden und warten auf Abruf. So können wir jederzeit darum bitten, dass wohlwollende und lichtvolle Helfer in Form oder Gestalt von Engeln, Meistern, Krafttieren, Erdwesen, Naturwesen, Tönen, Farben, Symbolen uvm. unsere Kräfte beim Ritual verstärken und um ein Vielfaches potenzieren. Sie werden deren Anwesenheit spüren, hören oder sehen können, nachdem Sie sie eingeladen haben, dabei zu sein. Auch aus diesem Grund sind Sie nie allein, selbst wenn Sie das Ritual tatsächlich ohne Gruppe, also all-ein vollziehen.

Kann einer allein wirklich nichts bewirken?

Um zur Erdheilung mithilfe von Zeremonien oder Ritualen beizutragen, braucht es nicht unbedingt eine Gruppe. Wir leben in einer ganz besonderen Zeit, in der jeder Einzelne von uns immens viel Schöpferkraft geschenkt bekommen hat. Ein eindrucksvolles Beispiel habe ich im Jahr 2011 bei einer Reise nach Jordanien erlebt. Eine Kollegin erzählte mir, kurz bevor wir zu einer Tour an den weltberühmten archäologischen Ausgrabungsort Petra aufbrachen, dass sie im Jahr vorher bereits einmal an diesem Ort gewesen sei. Besonders erschreckt und betroffen hätte sie dabei der überaus erbärmliche Zustand der Pferde, mit denen Touristen von einheimischen Kutschern die rund drei Kilometer ins Zentrum von Petra gefahren wurden. Die Tiere seien so schlecht ernährt gewesen, dass man die Rippen gesehen habe. Unter den Sätteln seien sie wund gewesen, und die Reiter haben sie mit Peitschenhieben erbarmungslos angetrieben, alles sei wohl nur auf Profit ausgerichtet. Daraufhin habe sie zu Hause regelmäßig zu einem aufgestiegenen Meister gebetet, er möge diesen armen Tieren helfen.

Während wir so sprachen, näherten wir uns zu Fuß dem Platz, an dem die Reiter ihre Kutschdienste anboten. Viele Pferde standen dort mit und ohne Sattel, und wir waren sehr erstaunt über den unerwarteten Anblick. Alle Pferde waren bestens genährt, kein einziges Tier war abgemagert. Niemand peitschte auf die Tiere ein, um sie anzutreiben. Meine Kollegin war höchst erstaunt, hatte sich doch nur ein Jahr vorher ein ganz anderes Bild gezeigt. Wir liefen rund einen Kilometer weiter zum Eingang des Gebietes, während etliche mit Touristen besetzte Kutschen an uns vorbeifuhren, rasch zwar, aber nicht übermäßig rasant. Am Eingang angelangt, sahen wir eine große, neu aufgestellte Holztafel, auf der stand, dass es in diesem Gebiet eine Tierschutzpolizei gebe, und wenn jemandem auffallen sollte, dass die Tiere nicht gut behandelt würden, dann sollte man das in einem extra dafür aufgestellten Häuschen melden. Ist das nicht wunderbar? Da soll einer sagen, allein hätten wir keine Chance!

Der richtige Zeitpunkt, uns selbst und die Erde zu heilen, ist *jetzt*

Wie das Beispiel mit den Pferden und ihren Besitzern zeigt, können wir ziemlich sicher sein: Rituale im echten Bewusstsein *haben* Wirkung! Sie können sich selbst damit kraftvolle Heilimpulse für Körper, Seele und Geist geben, ebenso für Mutter Erde und alle Geschöpfe, die auf ihr leben, sowie dem ganzen Universum, mit dem jeder Einzelne auf eine Weise verbunden ist, die wir vorerst nur erahnen können. Zumindest weiß man heute von der Quantenphysik, dass dies nicht nur Spekulation ist. Vielmehr ist alles *Illusion*, was wir mit unseren relativ beschränkten physischen Sinnen wahrnehmen.

Diese Welt aus Bildern, Farben, Tönen, Gedanken und Gefühlen ist in Wahrheit eine Welt der Frequenzen, Schwingungen, Bewegungen und vor allem *Möglichkeiten*. So bilden die allerkleinsten Teilchen der Materie wie Quanten, Quarks oder Photonen nicht regelmäßig feste Materie, sondern vielmehr einen Raum der *Möglichkeiten*, aus dem jederzeit Wirklichkeit bzw. Materie werden kann. Welche der zahllosen universellen Möglichkeiten dann tatsächlich zu einer sichtbaren und spürbaren Realität für uns wird, unterliegt hauptsächlich den gestaltbildenden Kriterien unseres Bewusstseins, unserer Gedanken, Erwartungen und Gefühle. Ob bewusst oder unbewusst – wir selbst entscheiden in jedem Augenblick neu, welche Realität sich aus dem morphogenetischen (Form gebenden) Feld als Nächstes herausbilden wird. Es ist besser, bewusster vorzugehen, damit es eine schöne harmonische Wirklichkeit für die Erde und uns Menschen, ihre Kinder, die Tiere und Pflanzen wird.

Erdheilungsrituale im Rhythmus und kreisförmigen Verlauf des Lebens zu zelebrieren, bedeutet, das Leben selbst als Manifestation des göttlichen Seins zu ehren, samt aller Geschöpfe, die eben diese Schöpfung hervorgebracht hat, ganz gleich, ob es sich um den *Dalai Lama* handelt oder um den Maulwurf, der gerade Ihren Garten umgräbt.

Alle Lebewesen sind berechtigte Lebewesen, die ihren Körper und ihre Seele von einem höheren göttlichen Bewusstsein geschenkt bekommen haben. Sie alle sind vom Funken des Lichtes und von universeller Liebe beseelt und durch eben dieses Licht und diese Liebe miteinander verbunden. Unsere Liebe und Achtung der Schöpfung und der Mutter Erde in Ritualen auszudrücken setzt voraus, dass wir in vollkommener Selbstliebe bei uns angekommen sind! Das ist das erste Ziel eines (neuen) achtsamen und ganzheitlichen Umgangs mit uns selbst. Aus dieser Grundschwingung heraus wird es zu einem ganz selbstverständlichen und alltäglichen Akt, die Erde und ihre Lebewesen zu achten und sie zu jeder Zeit und an jedem Ort mit Respekt zu behandeln. Diese innere Grundhaltung gilt es neu zu erleben und zu leben, und es bedarf vielleicht einiger sanfter Übung, bis wir fühlen können, was diese Energie der Liebe und Verbindung zu allem, was ist, wirklich bedeutet.

Erde und Himmel in einem Erdheilungsritual zu danken, zu ehren und unsere Liebe und Achtsamkeit darzubieten, ist Dienst am universellen großen Ganzen. Und wenn wir mit lauterer Absicht unser Bewusstsein aktivieren und fokussieren, um Umweltverschmutzungen zu reinigen oder um die Verankerung und Dynamik von Ungerechtigkeiten, Profitgier und Kriegen im morphogenetischen Feld zu durchbrechen, dann werden wir von Himmel und Erde große Geschenke zurückerhalten – in Form von Gesundheit an Körper, Seele und Geist, in Form von Frieden, Glück und Zufriedenheit.

In jedem Ritual kommen starke Energien zum Fließen, da die Gedanken fokussiert sind und zu Trägern des Lichtes und der Liebe werden können. Es entstehen sofort Resonanzen mit anderen Mitgeschöpfen bzw. zu den Lebewesen, mit denen wir in heilenden Kontakt treten wollen. Als Lebewesen bezeichne ich auch schwingende Energien bzw. Frequenzen, aus denen letztlich alles Materielle besteht, zum Beispiel auch Verschmutzungen wie Ölteppiche oder genmanipuliertes Saatgut. Wir können meditativ in deren Energie eintauchen und uns sagen lassen, von welcher Art unsere Hilfe für dieses Thema zum Wohle aller Beteiligten sein kann. In einer Gruppe kann die fokussierte Liebes-Licht-Energie aufgebaut werden und zu einem tragenden stabilen Feld werden, in dem der Heilungsprozess sehr stark wirken kann, um letztlich dem Ganzen und allen daran Beteiligten zu dienen.

Das *Jetzt* ist immer der richtige Zeitpunkt, mithilfe von Ritualen unser Bestes zu geben.

Den richtigen Zeitpunkt für Rituale finden

oder: Welchen Kalender hätten Sie gern?

Stellen Sie sich eine Telefonkonferenz vor: Es verabreden sich ein Deutscher, ein Österreicher, ein Inder, ein Chinese, ein Araber, ein Jude und einer der wenigen Verbliebenen des Maya-Volkes aus Yukatan, um zu Beginn des neuen Jahres ein Begrüßungsritual für einen guten Start und Verlauf des neuen Jahres zu zelebrieren. Der Ort ist klar, an dem man sich hierzu treffen will, und auch schnell vereinbart. Und jetzt raten Sie: Wie viele Personen werden sich zum vereinbarten Termin einfinden? Und welche Personen werden kommen? Wenn Ihre Antwort richtig ist, erhalten Sie als Preis einen Kalender. Aber welchen?

Die Zählung der Zeit mit Jahren, Monaten, Wochen, Tagen, Stunden, Minuten und Sekunden ist uns so in Fleisch und Blut übergegangen, dass wir meist nicht mehr darüber nachdenken, ob dies sinnvoll und richtig ist. Wir takten mit dem Rhythmus eines künstlich festgelegten Systems nach dem sogenannten gregorianischen Kalender, den Papst Gregor XIII. im Oktober 1582 durchsetzte und den die meisten katholischen Staaten Europas alsbald übernahmen. Die protestantischen Länder hatten mit dieser katholisch verfügten Regelung naturgemäß zunächst Probleme. Erst zu Beginn des 18. Jahrhunderts hielt der gregorianische Kalender auch in allen evangelischen Gebieten des Deutschen Reiches Einzug. Die gregorianische Zeitrechnung wurde nach und nach von einem Großteil der Welt übernommen, zuletzt 1926 von der Türkei und 1949 von China. Die orthodoxe Kirche machte diese Reform allerdings nicht mit, weshalb sie heute noch Weihnachten am 6. Januar feiert.

Sonnen-, Mond- und Sternenkalender

Obwohl der gregorianische Kalender als sogenannter *Sonnenkalender* (Orientierung am Lauf der Erde um die Sonne als Zentrum) heute weltweit verbreitet und gebräuchlich ist, dürfen wir nicht vergessen, dass es Kulturen gibt, die sich an einem ganz anderen Kalendersystem

Steinkreis in Schottland: Der Sonnenstand zeigte die Zeit an.

orientieren. So befinden wir uns 2020 nach dem jüdischen Kalender bereits im Jahr 5780/81 und nach dem islamischen Kalender erst im Jahr 1441/42. Der 4. Dezember 2019 war nach der Zählung des julianischen Kalenders, der lang vor dem gregorianischen Kalender galt, der 21. November 2019.

Die ersten bekannten Kalender sind etwa 5.000 Jahre alt und stammen von den ägyptischen und mesopotamischen Hochkulturen. Später fügten die Babylonier die siebentägige Woche hinzu. Wenn sich also die Damen und Herren der Telefonkonferenz zum Neujahrsritual treffen wollen, brauchen sie zunächst einmal eine Übereinkunft darüber, nach welchem Kalendersystem bzw. nach welcher Zeitrechnung dies geschehen soll.

Die Zeitrechnung vieler Völker und Kulturen geht auf die Beobachtung von Himmelskörpern zurück, vor allem von Sonne, Mond und Sternen. Mondkalender (*lunares Kalendersystem*) berechnen den Monat und das Jahr anhand der Mondphasen und gehören zu den ältesten Kalendern der Menschheit. Der Mond lieferte die einfachste und eindeutigste Orientierungshilfe für eine Kalenderrechnung, da der neue Monat begann, wenn das neue Licht, also der Neumond, wieder am Himmel erschien. Das Mondjahr besteht aus zwölf Monaten, ist jedoch elf Tage kürzer als das Sonnenjahr, weshalb es auch nicht so genau stimmt; eigentlich sind es einmal 12, einmal 13 Monde. Das Mondjahr

Die Zeit ist nur ein leerer Raum, dem Begebenheiten, Gedanken und Empfindungen erst Inhalt geben.

Wilhelm von Humboldt

lässt sich eben nicht in das 12er-Schema des gregorianischen Kalenders pressen, es ist ein bewegliches, nicht starres System, ein urweibliches Prinzip, das keine Fesseln verträgt, weshalb wir auch durch Mondrituale mit der ungebändigten weiblichen Kraft in Verbindung treten können. Sie ist nicht manipulierbar, daher versuchte die katholische Kirche seit jeher, sie zu zähmen bzw. auszurotten.

Die Sonnenkalender (*solares System*) orientieren sich am Lauf der Erde um die Sonne. Sein klassischer Vertreter ist der gregorianische Kalender. Die Erde benötigt zwischen 365 und 366 Tagen, um die Sonne zu umkreisen, und etwa 24 Stunden, um sich einmal um die eigene Achse zu drehen.

Der *Lunisolarkalender* (Luna = Mond, Sol = Sonne) stellt eine Mischform dar. Seine Monate richten sich nach dem Mond, das Jahr wird allerdings nach der Sonne festgelegt. Das bedeutet, es wird zum Beispiel von einem Frühlingsanfang bis zum nächsten oder von einer Sonnenwende bis zur nächsten gerechnet. Es gibt zwei Sonnenwenden innerhalb eines Jahres: Die Wintersonnenwende am 21. oder 22. Dezember (= Winteranfang) und die Sommersonnenwende am 21. Juni (= Sommeranfang). An diesen Tagen erreicht die Sonne ihren größten Abstand zum Himmelsäquator, von da an ändert sie ihre Bewegungsrichtung und nähert sich wieder dem Äquator an.

Der *Stellare* (=Sternen-)Kalender orientiert sich an dem jeweiligen Stand verschiedener Sterne, wobei Sonne wie Mond eine untergeordnete Rolle spielen. Ein Jahr beginnt hier zum Beispiel nicht mit dem Wiedererscheinen des Mondes, sondern eines bestimmten Sternes. Solche Kalendersysteme verwendeten die alten Ägypter, die Maya und andere alte Kulturen. Die berühmten mystischen und vielfach noch völlig unverstandenen Maya-Kalender waren der Sonne stark verbundene Rechensysteme, die aber nicht in unser Verständnis klassischer Kalender passen. Sie sind eher universelle Codes, die wohl die Schöpfungsprinzipien des Lebens abbildeten und übersetzten.

Auf den folgenden Seiten werden die beiden Kalender vorgestellt, die unsere westliche Kultur in besonderem Maße geprägt haben.

Julianischer Kalender

Gaius Julius Caesar machte sich nicht nur einen Namen als römischer Feldherr und Diktator, sondern er verewigte sich auch als Reformator der Zeitrechnung, indem er 46 v. Chr. den julianischen Kalender einführte. Dieser löste den altrömischen Kalender ab, der mit Schaltmonaten versucht hatte, die Differenz zwischen Mondjahr und Sonnenjahr zu überbrücken. Der julianische Kalender besteht aus einem System von 12 Monaten, wie wir es kennen, von Januar bis Dezember. Jeder Monat zählt 30 oder 31 Tage, mit Ausnahme des Monats Februar. Zunächst bezogen die Römer den julianischen Kalender auf den Zeitpunkt der Gründung Roms, die wir in unserem modernen Kalender auf das Jahr 753 v. Chr. datieren. Mit dem politischen Sieg des Christentums wurde der Nullpunkt des Kalenders jedoch mit dem Geburtsjahr Christi identifiziert. Neueste Korrekturen veränderten das Geburtsjahr Jesu Christi geringfügig. Die Vermutung, dass Jesus wahrscheinlich vier Jahre vor Beginn der christlichen Zeitrechnung geboren wurde, bleibt jedoch ohne Einfluss auf die Form des heutigen Kalenders. In diesem System folgt auf das Jahr 1 v. Chr. unmittelbar das Jahr 1 n. Chr., das heißt in der christlichen Zeitrechnung gibt es kein Jahr 0. Das zeigt uns erneut, wie willkürlich die Kalendarien und Zeitrechnungen angelegt wurden.

Der julianische Kalender führte alle vier Jahre ein Schaltjahr mit 366 Tagen ein; das durchschnittliche Jahr hatte dadurch 365,25 Tage (also 365 Tage und sechs Stunden) und entsprach damit fast genau dem Sonnenjahr – fast, denn die Erde braucht, um genau zu sein, für ihren Umlauf um die Sonne 365,24219878 Tage und damit etwas weniger, als der julianische Kalender festgelegt hatte. Im 16. Jahrhundert hatte sich dieser kleine Fehler auf zehn Tage addiert. Die Tagundnachtgleiche, die auf dem Konzil von Nizäa im Jahr 325 auf den 21. März festgelegt worden war, fiel im Jahr 1582 auf den 10. März. Das julianische Jahr ist also gegenüber dem Sonnenjahr um elf Minuten und 14 Sekunden zu lang, sodass sich die Abweichung im 14. Jahrhundert schon auf mehr als sieben Tage belief. Wieder war es also mehr schlecht als recht gelungen (oder misslungen), den natürlichen Lauf der Erdenbahn um die Sonne in eine rechnerische, von Menschen gemachte Form pressen zu wollen.

Gregorianischer Kalender

Die durchschnittliche Jahreslänge des julianischen Kalenders mit 365,25 Tagen bedeutete in Bezug auf das astronomische, mittlere Sonnenjahr eine Abweichung von 0,0078 Tagen. Das Kalenderjahr verschob sich zum Sonnenjahr also relativ langsam, aber stetig. Bis zum 16. Jahrhundert war die Diskrepanz zur jahreszeitlichen Ordnung so groß geworden, dass Papst Gregor XIII. kurzerhand eine Kalenderreform im Stil der katholischen, machthabenden Kirche durchführte:

- Er ließ die zehn Tage zwischen dem 4. und dem 15. Oktober 1582 einfach ausfallen, um die Abweichung zum Sonnenjahr auszugleichen. Nach dem 4. Oktober 1582 wurde direkt mit dem 15. Oktober 1582 weitergezählt. Damit wurden zehn Tage zum Zweck der Angleichung einfach eliminiert.
- Gregor XIII. führte Schaltjahre mit bestimmten Regeln ein, um Abweichungen auszugleichen: Nur noch diejenigen Jahre am Ende eines Jahrhunderts sollten Schaltjahre sein, die sich durch 400 teilen ließen (1600, 2000 usw.). Damit dauert ein Durchschnittsjahr 365,2425 Tage; danach wird erst nach knapp 3320 Jahren wieder eine Korrektur von einem Tag notwendig sein. Der Beginn des neuen Jahres wurde offiziell auf den 1. Januar gelegt. Der Name des Monats stammt vom lateinischen Wort „ianua“ (= Tür, Eingang, Durchgang). Diese Festlegung hat vermutlich mit der Wintersonnenwende sowie der Geburt Jesu Christi zu tun.
- Es wurden neue Regeln zur Berechnung des Osterfestes eingeführt.

Der gregorianische Kalender ist in unserer Zeit bis auf Ausnahmen internationaler Standard geworden. Seit Gregor XIII. hat es Versuche gegeben, den Kalenderstandard unter verschiedenen Gesichtspunkten zu ändern. So gelang es zum Beispiel dem Maya-Spezialisten *José Argüelles*, eine Papst-Audienz zu bekommen, um sein neues Denken zur Zeit- und Lebensqualität vorzustellen – allerdings erfolglos. Wir können uns von alten Gewohnheiten nur sehr schwer trennen, selbst wenn sie nicht mehr wirklich „zeitgemäß“ sind.

Auch wenn die meisten Menschen auf den gregorianischen Kalender „getaktet“ sind, sollten wir uns bewusst machen, dass dies nicht unserem natürlichen Rhythmus entspricht.

Die 12er-Taktung der Uhr

Ich konnte Uhren am Handgelenk nie leiden. Sie erschienen mir immer wie eine Fessel. Bis heute habe ich ein gutes Zeitgefühl, ohne ständig eine Uhr bei mir tragen zu müssen. Die Uhr am Handgelenk taktet uns den ganzen Tag auf eine fiktive Zeit ein und auf die damit verbundene Botschaft: „Zeit ist Geld." Direkt am Puls sitzend, der eigentlich Ausdruck unseres individuellen Rhythmus ist, beeinflusst der künstliche 60-Sekunden-Takt permanent wichtige Meridiane (= Licht- und Lebensbahnen), die direkt hier unter der Haut und in unserem angrenzenden feinstofflichen Feld der Aura liegen. Unsere Uhren repräsentieren eine Druck erzeugende manipulierende Energie, denn sie behaupten, der natürliche Rhythmus sei die 12 (12 Stunden habe ein Tag, 12 Monate ein Jahr). Wir haben aber nicht immer genau 12 Mondphasen pro Jahr, manchmal sind es auch 13! Und so werden wir letztlich in ein ungenaues Schema hineingepresst, das unserem eher chaotischen, aber lebendigen System nicht entspricht.

Unser Körper, unser Zellgedächtnis und unsere Seele wissen jedoch um dieses flexible, fließende Lebensprinzip, weshalb die künstliche Taktung Stress erzeugt. Ein Beispiel sind die Stechuhren in den Fabriken. Könnte der Grund für das in der westlichen Welt weitverbreitete Gefühl der Sinnlosigkeit nicht in diesem unmenschlichen Zeit(erfassungs)-System liegen? Mit dem reinen Messen der Zeit nach dem willkürlichen (gregorianischen) Kalender wachsen unser Stress und unser Getriebensein und das Bedürfnis nach Erholung am Ende der vermeintlich abgelaufenen Zeit. So ist die Zeit *während der Woche* weniger wert als das Wochenende, weil damit meist Arbeit assoziiert wird, während das Wochenende Lebensqualität bedeutet. Das Wochenende ist aber schnell vorbei, sodass hier wiederum nur die Quantität im Vordergrund steht. Wir warten darauf, dass es endlich Frühling wird, statt die Qualität des Winters wertzuschätzen und genießen zu lernen. Wir warten auf das Rentenalter, weil es uns da endlich besser gehen wird. Denken Sie immer noch in Vergangenheit und Zukunft und vergessen dabei, im Hier und Jetzt zu leben?

Was den Maya-Kalender auszeichnet

2012 geriet bei vielen Menschen weltweit ein einzigartiges Kalendersystem in den Mittelpunkt des Interesses, das mystisch, prophetisch und unverstanden zugleich anmutet: Der Kalender der Mayas sollte am 21. Dezember 2012 zu Ende gehen, was bei zahllosen Menschen Panik und Weltuntergangsszenarien auslöste und nebenbei den Propheten des Zeitenendes einen riesigen Umsatz bescherte. Sollte es einen Leser geben, der dies nicht mitbekommen hat, so möge er sich bitte bei mir melden (dagegen gibt es bestimmt Leser, die noch nie etwas vom julianischen Kalender gehört haben). Wenn wir jetzt nicht alle völlig unbemerkt in eine andere Dimension katapultiert worden sind, dann scheint dieses Ende der Zeit oder der Welt zumindest hinausgeschoben worden zu sein.

Das ungewöhnlich exakte Astronomie- und Kalenderwissen der Maya erstaunt uns Mitteleuropäer sehr, hat es doch mit seiner Genauigkeit bis heute nicht seinesgleichen gefunden. Obwohl die Maya rund 20 verschiedene Kalender besaßen, die natürliche, planetare, solare und galaktische Zyklen abbildeten, wurden vor allem drei Kalendersysteme näher erforscht und interpretiert: der Tzolkin als heiliger Kalender mit einem Zyklus von 260 Tagen, der Haab als ziviler Kalender, der mit seinen 365 Tagen dem Sonnenjahr entspricht und der deshalb unserem Denken am nächsten kommt, ferner die lange Zählung im System des Long Count mit 1.872.000 Tagen, was ungefähr 5.125 Sonnenjahren entspricht. Die Kombinationen von Tzolkin- und Haab-Daten wiederholen sich nach einer 52 Jahre dauernden Kalenderrunde.

Das für uns sehr komplizierte Kalendersystem bestimmte den Alltag und die Mythologie der Maya, aber es war viel mehr: ein universeller Code, der die Gesetze des Lebens und ebenso die kosmischen Rhythmen und Gesetzmäßigkeiten abbildete. Die Mayas hatten ein weit tieferes Verständnis vom Wesen und den Gesetzmäßigkeiten der Zeit, als es unsere heutige Wissenschaft hat. Sie betrachteten die Zeit nicht als etwas Lineares und quantitativ Zählbares, sondern vielmehr als eine mehrdimensionale Energie, die in ihrer innersten Natur qualitativ und fraktal ist. Es ging also nicht um das Fortschreiten einer künstlich getakteten Zeit in Sekunden, Minuten, Stunden usw., sondern um Zeitzyklen, die

Maya-Ruinen in Tulum, Mexiko.

sich im Kleinen wie im Großen periodisch und rhythmisch wiederfinden und so das Grundprinzip der Schöpfung in allen Dingen widerspiegeln.

Haab

Der Haabkalender umfasst 365 Tage und ist damit die beste ganzzahlige Näherung an das mittlere Sonnenjahr von 365,2422 Tagen. Mit dem Haab teilten die Maya ein Sonnenjahr in 18 Monate mit jeweils 20 Tagen auf. Dazu kam ein zusätzlicher Monat mit nur fünf Tagen, damit das Sonnenjahr mit 365 Tagen voll wurde. Die fünf Sondertage bilden den Monat *Uayeb*, was *namenlos* bedeutet. Die Tage des Monats Uayeb galten offenbar bei den Mayas als Unglückstage. Der Haab diente den Maya zu zivilen Zwecken, zum Beispiel zur Berechnung der Saat- und Erntezeiten.

Tzolkin

Innerhalb dieses Kalendersystems ist der Tzolkin, der sogenannte *Heilige Kalender* der Mayas der wichtigste, da er die Grundlage für die meisten anderen Kalender bildet. Er zählte 260 Tage, aufgeteilt in 20 Monate mit je 13 Tagen, bei dem jeder Tag (Kin) durch eine Kombination einer Zahl (Ton) von 1 bis 13 mit dem Namen einer von 20 Schutz-

Die Anordnung der 20 Maya-Siegel in Kreisform bildet die Idee der Ganzheit ab. Jeder Mensch ist zwar seit dem Tag seiner Geburt mit einem bestimmten Archetypen verbunden, es bestehen aber zahlreiche Beziehungen zu anderen Siegeln. Jeder Einzelne ist damit immer auch mit der Gesamtheit der Schöpfung verbunden.

gottheiten (oder Tagesnamen) näher definiert wird. Die 20 *Monate* sind eher „Wellen" mit bestimmten Bewusstseinsinhalten bzw. Qualitäten, nicht quantitativ, wie wir die Zeit üblicherweise verstehen. Sie heißen auch 20 solare Siegel bzw. Solar-Glyphen, und diese sind kombiniert mit 13 galaktischen Tönen, die vom Zentrum unserer Galaxis ausgehen. Die 20 Solar-Glyphen stellen Archetypen bzw. Aspekte der menschlichen Evolution dar. Im Tzolkin-Rad sind diese 20 solaren Siegel im äußersten Ring dargestellt. Die 13 galaktischen Töne bzw. Zahlen sind in der Maya-Schreibweise im zweiten Ring von außen dargestellt.

Innerhalb des Tzolkin werden die 20 solaren Siegel mit den 13 galaktischen Tönen in bestimmter Weise kombiniert. Es ergeben sich daraus 260 (= 13 mal 20) verschiedene Kombinationen aus je einem Siegel mit je einer Zahl (= einem bestimmten galaktischen Ton). Eine solche Kombination von einem Siegel mit einem Ton bezeichnet man als *Kin*. Es gibt also 260 verschiedene *Kins* (Kin = mayan. *Sonne* bzw. *Tag*; Tzolkin = *das Zählen der Tage*). Mit *Kin 260* endet die letzte, die 20. Welle eines Tzolkin, und einen Tag später beginnt die erste Welle des nächsten Tzolkin wieder mit *Kin 1*, das heißt es beginnt ein neuer 260-Tage-Zyklus, was bedeutet, dass die nächst höhere Drehung der Evolutionsspirale beginnt.

Der Tzolkin wird von vielen Forschern als Ritualkalender interpretiert, mit dem vermutlich religiöse Zeremonien und Feiern festgelegt wurden. Einige Wissenschaftler nehmen an, dass die Länge der menschlichen Schwangerschaftsperiode mit 260 Tagen hier als Grundlage gedient haben könnte. Aus astrologischer Sicht ist der Tzolkin wahrscheinlich ein Venuskalender, steht aber auch mit der Begegnung zwischen Erd- und Sonnenmagnetfeld in Verbindung. Die Sonne und das Zentrum der Galaxie *Hunab Ku* spielten jedenfalls bei den Maya eine entscheidende Rolle. Die spirituelle Entschlüsselung und Interpretation der Zeitgesetze nach dem Tzolkin ist vor allem *José Argüelles*, dem Autor des Buches „Der Maya-Faktor", zu verdanken, der sich sehr für eine globale Umschaltung auf den 13-Monde-Kalender einsetzt.

Haab und Tzolkin wurden parallel genutzt. Durch die unterschiedliche Größe der Kalender waren sie erst nach einem Durchlauf von 52 Jahren wieder an ihrem Ausgangspunkt angekommen. Man vermutet, dass ein solcher *Neustart* für die Maya so bedeutend war wie für uns ein Jahrhundert- oder Jahrtausendwechsel.

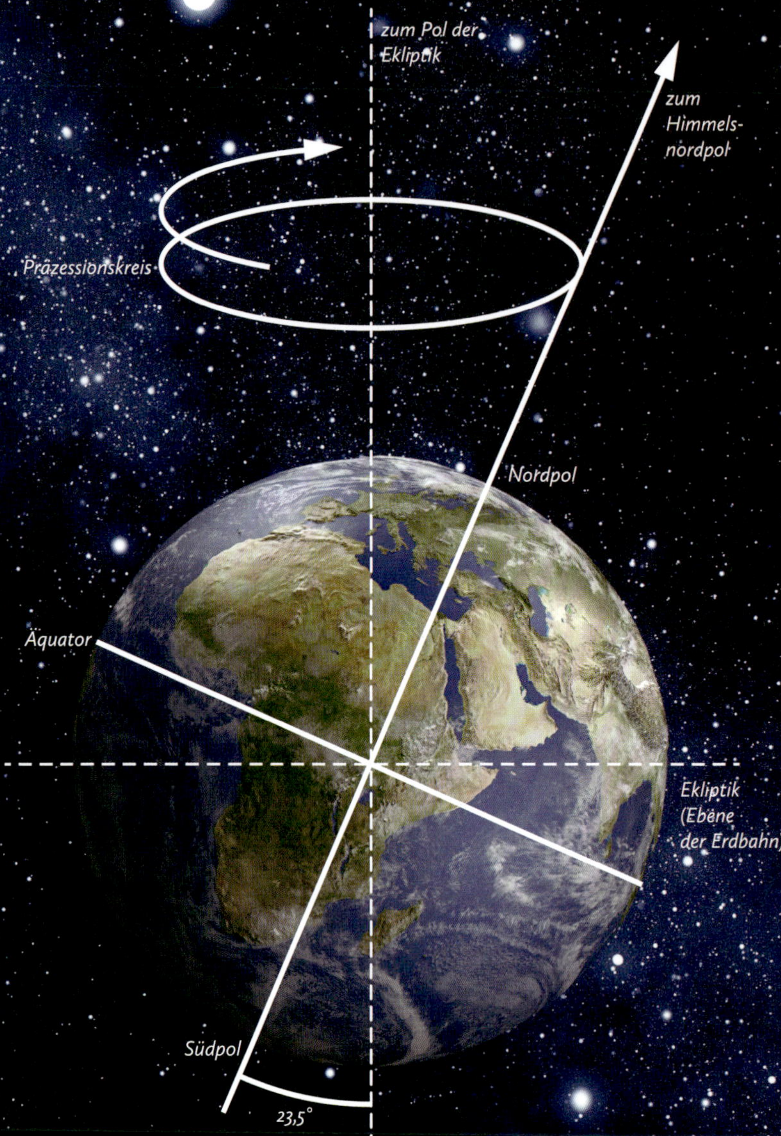

Die Erde hat keine exakte Kugelform, sondern weist einen zusätzlichen Äquatorwulst von 21 km auf. Dadurch bewirken die Gezeitenkräfte von Mond und Sonne ein Drehmoment, welches die Erdachse aufzurichten versucht und zur Präzession der Erdachse führt. Präzession wird die Lageveränderung der Achse eines rotierenden Kreisels genannt, wenn äußere Kräfte auf ihn einwirken. Für eine volle Kegelbewegung benötigt die Erdachse etwa 26.000 Jahre. Der Maya-Kalender bezeichnet 26.000 Jahre als die Länge einer Langen Zählung (engl. long count), die im Jahr 2012 ihr Ende fand und den Beginn eines neuen Bewusstseinszeitalters markierte.

Long Count

Der Long Count Kalender teilte die Zeit nicht in wiederkehrende Abschnitte wie Wochen oder Jahre auf, sondern bestand aus einer langen Zählung, beginnend mit einem Tag, der nach unserer Zeitrechnung dem 13. August 3114 v. Chr. entspricht. Von da an wurde jeder Tag fortlaufend nummeriert. Warum gerade jener 13. August für die Maya Tag 1 war, bleibt ein Rätsel. Dieser *long count* erstreckt sich auf einen Zeitraum von 5.125 Jahren; und genau dieser Kalender endete am 21. Dezember 2012. Nicht mehr und nicht weniger – mit oder ohne Weltuntergang.

Astronomisch stand jedenfalls am 21. Dezember 2012 unsere Sonne in direkter Konjunktion mit dem galaktischen Zentrum, also dem Zentrum unserer Milchstraße. Dies geschieht nur alle 26.000 Jahre. Das Besondere am 21. Dezember 2012 war allerdings, dass zum gleichen Zeitpunkt noch weitere Maya-Kalender-Zyklen zum Abschluss kamen, sodass das Ende des *long count* auch das Ende der bisherigen Zeitqualität markierte.

Aus spiritueller Sicht bedeutet das etwas ganz Entscheidendes für alle Seelen, die sich bewusst in eben dieses Leben inkarniert haben: Das Ende der Zählung bedeutet vor allem den Übergang in eine deutlich andere Zeitqualität und einen Quantensprung des Bewusstseins, der wiederum unsere planetare und menschliche Evolution prägen wird. Nicht zufällig beschäftigen sich immer mehr Menschen weltweit nicht nur mit dem Wohl der Erde und dem damit zusammenhängenden Ende der Ausbeutung, sondern auch mit der Galaxis und ihren großartigen und unerschöpflichen Energien.

Der 21. Dezember 2012 war der Zeitpunkt einer astronomischen und bewusstseinsmäßigen Synchronisation des Menschen und aller Lebensformen mit der Galaxis, insbesondere mit dem galaktischen Zentrum! Und genau um diese Synchronisation geht es, wenn wir unser Bewusstsein von einer künstlich erschaffenen Taktung abziehen, die unsere Uhren uns eintrichtern wollen, um uns in Unfreiheit zu halten.

Mit dem Entschluss, den natürlichen irdischen und kosmischen Rhythmen zu folgen, klinken wir uns wieder ein in den ursprünglichen Fluss des Lebens und der Schöpfung, der allein von der Liebe getragen ist.

Von der linearen Zeit zur Synchronizität

Dass die Zeit keine Linie ist und damit auch nicht *vergeht*, habe ich des Öfteren selbst erfahren. Eine junge medial veranlagte Klientin litt an wiederkehrender Blasenentzündung, besonders dann, wenn sie Liebeskummer hatte. Auf meine Frage, wie weit wir zeitlich zurückgehen müssten, um die Ursache zu finden, antwortete sie: „300 Jahre." Ich ermutigte sie, sich anzusehen, wie die Situation damals war, woraufhin sie einen alten Mann wahrnahm, der tief frustriert über nasses Kopfsteinpflaster schlurfte, weil er das Gefühl hatte, er habe es in seinem Leben zu nichts gebracht. Die Klientin wusste, dass sie dieser Mann in einer früheren Inkarnation selbst war. Ich fragte sie, was dem Mann wohl helfen könnte, worauf sie erwiderte: „Ein Symbol." Inzwischen war der alte Mann in seiner kargen Behausung angekommen und blickte nun ganz erstaunt auf das Zeichen, ein Salomonsiegel, das an seiner Wand aufgetaucht war. Er war ziemlich verwirrt und erstaunt über diese *Illusion* in seinem Zimmer (er wusste ja nicht, dass es aus der *Zukunft* geschickt wurde), jedoch fühlte er sich dadurch gestärkt und aufrechter. Und im gleichen Augenblick ging es zugleich der Klientin in der sogenannten Gegenwart viel besser. Um dies zu erreichen, hätten wir genauso gut mental in die Zukunft reisen können, es wäre nichts anders gewesen.

Noch ein Beispiel, um das zu verdeutlichen: Ein dreijähriger Junge hatte eitrige Vorhautverengungen, was trotz mehrerer Arztbesuche nicht in den Griff zu bekommen war. Ich testete die Ursache aus, wann die Beschwerden zum ersten Mal aufgetreten waren, und stellte fest, dass es im Alter von 16 Jahren war. Das lag ganz offensichtlich in der Zukunft. Ich entdeckte, was hier in der Zukunft passieren würde, nämlich belastende erste sexuelle Erfahrungen, die sich jedoch auf die Gegenwart auswirkten. Nach Beseitigung dieser künftigen Ursache waren die Beschwerden verschwunden. Wer sich – wie in diesen Fällen – in die natürlichen Zeitzyklen, die spiralförmig und nicht geradlinig verlaufen, einklinkt, dem wird das Wunder der Synchronizität öfter begegnen. Sie

> *Die Jugend wäre eine schönere Zeit, wenn sie erst später im Leben käme.*
>
> **Charlie Chaplin**

Spiralform in der Galaxis – genauso wenig geradlinig wie die Zeit.

werden fühlen, spüren und wissen, dass Sie mit einem solchen Wissen mit dem großen Ganzen verbunden sind, über alle Zeiten und alle Räume hinweg! Was daraus folgt, ist die wunderbare Erkenntnis, dass wir niemals allein und abgetrennt sind, weder räumlich noch zeitlich, und dass wir das gar nicht sein können, sondern dass dies nur eine Illusion ist, die von den Machthabern der Welt über ein kritiklos angenommenes Instrument *Zeit ist Geld* für manipulative Zwecke missbraucht wird, und zwar so lang, bis wir uns bewusst davon frei gemacht haben.

Die Zeit ist keine lineare Abfolge, sondern eine Wiederholung von Kreisläufen, die an ihren Enden jeweils in die nächsthöhere Dimension übergehen. Der Mond kreist um die Erde, die Erde kreist um die Sonne, die Sonne kreist um das Zentrum unserer Galaxie, unsere Galaxie um andere Galaxien… Die Form, die dabei entsteht, ist eine Spirale. Die Spirale ist eine heilige und zutiefst kosmische Form, die überall im Universum vorkommt, in unserer DNA ebenso wie in den Spiralnebeln der Galaxis. Die Weisheit, die in den spiralförmigen Kreisläufen der Zeitalter steckt, kann mit keiner noch so modernen Uhr und mit keinem Kalendarium der Welt erfasst werden, sondern nur mit einem geöffneten, fühlenden Herzen. So repräsentiert jeder Sonnenaufgang, jeder Abend, jede Nacht einen heiligen, schöpferischen Abschnitt der Göttlichkeit und erinnert uns an die Ewigkeit unserer eigenen zahllosen Kreisläufe aus Geburt, Wachstum und Tod.

Meditation: Einklinken in den natürlichen Rhythmus der Schöpfung

Suchen Sie sich einen ruhigen Platz, ob in der Natur oder anderswo, den Sie gern mögen und an dem Sie ungestört sind. Setzen Sie sich bequem hin, schließen Sie die Augen, und lassen Sie Ihren Atem zur Ruhe kommen. Nehmen Sie Ihr Herz wahr, wie es klopft, und fühlen Sie Ihren eigenen Rhythmus. Lassen Sie sich Zeit! Beobachten Sie, wie Sie durch die Aufmerksamkeit, die Sie Ihrem Herzschlag widmen, ruhiger und ruhiger werden. Stellen Sie sich kurz eine Uhr vor mit einem Sekundenzeiger, der tickt, und stellen Sie fest, wie diese Vorstellung Stress und einen beschleunigten Herzschlag auslöst. Lächeln Sie sich innerlich zu, und sagen Sie sich: Adieu, aus dieser Illusion steige ich hiermit bewusst aus. Jetzt! Registrieren Sie die kleinen Pausen zwischen den Pulsationen des Herzens und spüren Sie diesen eine Weile lang nach. Stellen Sie sich diese Pause vor Ihrem geistigen Auge vor, vielleicht einfach wie einen schwarzen Raum, der vor Ihnen liegt. Nähern Sie sich diesem Raum, schauen Sie auf ihn. Gehen Sie noch näher: Es ist der Eingang zur Zeitlosigkeit. Sind Sie bereit, hindurchzugehen? Die Begrenzung der künstlichen Zeit zu verlassen? Fühlen Sie, wie es Ihnen bei dieser Vorstellung geht! Lassen Sie alle Gefühle zu, die kommen, erlauben Sie ihnen, einfach da zu sein. Gehen Sie noch näher heran: Jetzt stehen Sie auf der Schwelle, noch auf der Seite der getakteten Zeit, aber es trennt Sie nur ein Schritt von der Ewigkeit. Sind Sie schon bereit, den Schritt hinein zu tun und die Illusion hinter sich zu lassen? Wenn Sie erst das nächste Mal gehen wollen, dann brechen Sie hier ab und kommen mit einem tiefen Atemzug wieder im Jetzt an. Wenn Sie es wagen wollen, dann tun Sie es jetzt! Sie treten hinein in die Dunkelheit und fallen einfach hinein, Sie fallen und fallen oder schweben … Lassen Sie alles los und den Dingen ihren Lauf. Fühlen Sie einfach eine Weile, wohin die Ewigkeit Sie trägt. Erleben Sie, was Sie erleben sollen, haben Sie Vertrauen, und geben Sie sich ganz dem Augenblick hin. Ich bin. Ich bin. Ich bin …

Wenn es Ihnen gefällt, kommen Sie wieder im Hier und Jetzt an, indem Sie tief atmen und die Augen öffnen – wie geht es Ihnen jetzt?

Das Raum-Zeit-Kontinuum

Albert Einstein belegte bereits 1905, dass die Zeit nicht linear ist, sondern vom Faktor Raum abhängt. Er nannte dies das *Raum-Zeit-Kontinuum*. Damit ist etwas gemeint, was wir erst langsam zu verstehen beginnen, dass alle in der Vergangenheit passierten, jetzt gerade in diesem Augenblick passierenden, sowie alle zukünftig geschehenden Ereignisse in einem Gesamtzusammenhang stehen. Alle diese Ereignisse stehen in einer bestimmten Ordnung zueinander, aber eben nicht in einer Linie. Das bedeutet, dass wir tatsächlich alle Geschehnisse beeinflussen können, und zwar aus dem *Jetzt* heraus – das, was uns in der Vergangenheit widerfahren ist, ebenso, wie auch das, was die Wahrscheinlichkeit unserer Zukunft betrifft.

Leben *ohne* starren Kalender, jedoch mit den Rhythmen der Natur

Rituale der Heilung sind nicht abhängig von irgendwelchen Kalendarien, und wir dürfen selbst spüren und entscheiden, wann für uns der beste Zeitpunkt ist, uns Zeit zu nehmen, einen guten Raum bzw. Ort aufzusuchen und uns dann mithilfe der Bestandteile bzw. Hilfen im Rahmen des Rituals in den Rhythmus der Erde und des Kosmos einzuklinken. Dieses liebevolle und aus dem Herzen heraus gesteuerte Sein und Tun bedeutet ein Sich-wieder-Erinnern an die Großartigkeit der Schöpferwesen, die wir in Wirklichkeit sind, und ein Sich-wieder-Verbinden mit allem Leben. Dabei ist es nicht wichtig, ob Sie den gregorianischen Kalender als Anhaltspunkt verwenden, ein kirchliches Fest wie Ostern oder Weihnachten feiern wollen oder sich so gut mit dem Maya-Mysterium auskennen, dass Sie dessen Kalender-Rhythmen folgen wollen. Wichtig ist die Absicht, frei von jeglicher Besserwisserei und Manipulationsabsicht, das Ziel zu verfolgen, ein ganzheitliches Weltverständnis zu fördern und den Missbrauch der Natur zu beenden, sodass alle Geschöpfe in Frieden zusammen leben können. Denn es ist genug für alle da!

Ganz wichtig: Lösen Sie sich schon jetzt vom Rituale-Stress und vom Stress in Ihrem Alltag insgesamt. Bevor Sie mit der Heilung der

Die Natur hat ihre eigenen Rhythmen von Werden und Vergehen.

Erde beginnen, nehmen Sie sich ab jetzt erst einmal mehr Zeit für sich selbst als absolut liebenswertes Menschenwesen! Besinnen Sie sich, wo Sie sich selbst noch Leistungsdruck und Schuldgefühle auferlegen, etwas nicht (rechtzeitig) zu schaffen. Entschleunigung fängt bei uns selbst an. Finden Sie Zeit zum Meditieren, und nehmen Sie Kontakt mit Ihren geistigen Helfern auf. Sie sind niemals allein mit den Themen und Problemen, die Sie beschäftigen. Nehmen Sie ruhig Hilfe in Anspruch, und ziehen Sie sich mit einem deutlichen *Nein* zurück, wenn es angebracht ist. Jeder Mensch braucht das, um nicht in der Informationsflut unterzugehen. Im Rückzug in die Stille können Sie Ihrer inneren Stimme lauschen und die Meinungen anderer draußen lassen, sie sind nicht wichtig.

Jeder kann anhand der Naturausbrüche feststellen, dass etwas im Umbruch ist zu dieser Zeit, in der vieles nicht mehr stimmig ist und Profitgier und Ausbeutung offensichtlich die Welt regieren. Ja, wir befinden uns in einer Übergangsphase, in der wir persönliche und globale Turbulenzen deutlich zu spüren bekommen, und das sowohl körperlich als auch emotional oder geistig. Das Fass ist randvoll, und wenn es überläuft, stinkt es eben. Spätestens jetzt können (und müssen) wir uns entscheiden, die Sauerei zu beseitigen, das Fass zu reinigen, und verhindern, dass sich neuer Dreck ansammelt. Haben Sie schon bemerkt, dass Sie nicht mehr alles problemlos essen können, was Ihnen die Nahrungsmittelindustrie vorsetzt? Der Körper (das Fass) will es nicht mehr. Ich merke dies deutlich an mir selbst und an sehr vielen meiner Patienten, die auf schlechtes Essen mit Verdauungsbeschwerden oder emotionalen Problemen reagieren. Eine grundlegende persönliche und globale Transformation hat den ganzen Planeten erfasst, und unser Bewusstsein wird von Grund auf verwandelt, ob wir das nun gut finden oder nicht: Wir sind mittendrin. Machen wir das Beste daraus!

Welchen Zeitpunkt der Sammlung, Achtsamkeit und Ehrung wir auch immer auswählen und welche Form von Ritual wir zu eben diesem Zeitpunkt auch immer gestalten: Jedes Ritual im Kreislauf des Jahres, das aus dem Herzen heraus geschieht und mit der Intention, eine wunderbare harmonische Erdengemeinschaft zu erschaffen, in der nichts und niemand mehr ausgebeutet oder unterdrückt wird und in der alle Geschöpfe in Freude und Frieden miteinander leben können, hat eine extrem starke, lichtvolle und gesundheitsfördernde Wirkung. Auf jeden von uns persönlich, auf den Frieden in der Welt und auf den Erhalt der Schöpfung überhaupt.

Alles ist mit allem verbunden, wir sind nicht getrennt von der Natur, wir sind selbst die Natur. Deshalb fällt alles, was wir der Erde antun, direkt auf uns zurück, egal ob dies in nächster Nähe oder auf der anderen Seite des Globus geschieht. Alle Gewalt und alle Kriege erzeugen Zerstörung im Gewebe und im Zellgedächtnis oder Aggression, Neid und Gier auf der emotionalen Ebene, da brauchen wir uns nichts vorzumachen. Aber auch alle liebevollen gesunden Aktionen und Ereignisse stehen uns als heilsame Energie über das morphogenetische Feld zur Verfügung. Stehen wir zusammen, um dieses lichte, heile und reine Herzensfeld immer weiter zu füllen! Wir können dies in der Gruppe tun, aber auch ganz allein, weil wir selbst dann All-Eins sind!

Praktische Ritualarbeit

In diesem Kapitel erfahren Sie, wie Sie dafür sorgen können, dass sich das Ritual Ihrer Intention und Ihren Zielen gemäß zu höchster Wirksamkeit entfalten kann. Dafür gibt es etliche Kriterien, die zu beachten sind und die ein Ritual erst zu einem Ritual machen statt zum Beispiel zu einer Zeremonie oder einer reinen Gewohnheit, die sich uniform ohne eine bestimmte Bewusstheit regelmäßig wiederholt. Dreh- und Angelpunkt des gesamten Tuns ist es, mit welchen Gedanken, oder besser: mit welcher bewussten Geisteshaltung, Sie die Vorbereitung und Durchführung eines Rituals angehen. Ob es eine Wirkung und welche Wirkung es hat, ob Sie spüren können, dass es tatsächlich die gewünschte Wirkung hat, hängt ganz entscheidend von einer Bündelung und Konzentration der geistigen Kräfte ab. Diese Kräfte können Sie auf einen effektiven Punkt zusammenlegen. Ob allein oder in der

Gruppe – essenziell wichtig ist aus meiner Sicht, dass Sie wissen, dass Sie Teil eines göttlich-schöpferischen Ganzen sind und damit niemals allein agieren. Alles, was Sie tun, hat dementsprechend unabdingbar auf alles andere, das mit Ihnen verbunden ist, eine Wirkung, und alles, was andere tun, wirkt sich auf Sie aus. Dies entspricht dem Prinzip der Resonanz oder: „Wie man in den Wald hineinruft, so hallt es zurück." So können wir jederzeit wählen, was wir in den Wald hineinrufen möchten – die Botschaft und Bitte um Frieden, Zufriedenheit, Mitgefühl und Heilung ebenso wie die egoistische Bitte um Fülle und Glück ohne Rücksicht auf andere bzw. das Ganze. Die große Kraft der Rituale bestimmt mit die Intention und die Beweggründe des Herzens, bestimmt, ob es ein Ritual der Liebe, Dankbarkeit und Hoffnung für alle Geschöpfe der Erde wird oder manipulativer Zauber à la Voodoo. Schwarzmagische Aktionen, um andere für egoistische Ziele zu manipulieren oder gar zu unterwerfen, funktionieren auch, da brauchen wir uns nichts vorzumachen. So wurde das morphogenetische (= formbildende) Feld des Universums über Jahrhunderte hinweg zur Genüge angefüllt mit eben diesen Energien, die von den Motiven Gier, Geiz, Mangeldenken und Angst gefüttert und genährt wurden. Die Kriege und Auseinandersetzungen der Welt, die Ausbeutung der Erde, der Menschen, der Tiere und der Natur sind materielle Form und Ausdruck dieser lang genährten Geisteshaltung.

In dieser neuen *erwachten* Zeit – und der massive Zulauf in spirituellen Gruppen zeigt dies deutlich – haben wir sowohl ein tiefes Bedürfnis als auch das Wissen und die Gelegenheit dazu, unsere Kräfte zum Wohle aller Beteiligten zu bündeln und ein Feld des Lichtes und der Liebe zu erschaffen und zu erweitern, ohne das gleiche Instrumentarium der Auseinandersetzungen und Aggression benutzen zu müssen. Es würde nichts zum Positiven hin bewegen können, sondern das alte Feld nur weiter nähren. Alle Beteiligten, das sind Sie und ich, die Menschen insgesamt, die ganze Schöpfung, die Erde und das Universum, in das wir alle eingebettet sind und dessen Gesetzen wir unweigerlich zu folgen haben, ob uns das gefällt oder nicht.

Ritualarbeit ist eine wirklich schöne, nährende, stärkende und Sinn stiftende Tätigkeit, so sie denn von Herzen kommt. Sie werden spüren, fühlen und sehen, dass sich Ihr Leben zum Positiven hin ändert und Sie eine tiefe innere Zufriedenheit und Weisheit entwickeln, die allein im Einklang mit der Natur und der Schöpfung möglich ist.

Das morphogenetische Feld und seine Wirkungen auf uns

Der Begriff *morphogenetisches Feld* wurde vom englischen Evolutionsforscher und Biologen *Rupert Sheldrake* geprägt und populär gemacht, seit er im Rahmen seiner Forschungstätigkeit zur Evolution von Pflanzen an der Universität Cambridge der Frage nachging, wie sich Pflanzen aus einfachen Embryonen zur charakteristischen Form ihrer Art entwickeln (→ Literaturverzeichnis, Rupert Sheldrake, Seite 203). Er gab sich nicht mit der gängigen Antwort zufrieden, jede Morphogenese sei genetisch programmiert, sprich: Die einzelnen Arten würden angeblich einfach die Anweisungen ihrer Gene befolgen. *Sheldrake* verwies darauf, dass alle Zellen des Körpers die gleichen Gene haben, sodass im Körper das gleiche genetische Programm zum Beispiel in den Augenzellen, Leberzellen ebenso wie in den Zellen von Armen, Beinen usw. vorhanden sei. Diese Zellen sind identisch programmiert. Warum entwickeln sie sich dann aber so unterschiedlich und so überaus vielfältig, und nach welchem Plan geschieht dies?

Sheldrake und andere Forscher gelangten durch diese Fragen immer mehr zu der Überzeugung, dass sich entwickelnde Organismen von bestimmten Informationsfeldern gestaltet werden, den sogenannten morphogenetischen (formbildenden) Feldern. Man stellte sich vor, sie seien so etwas wie unsichtbare Entwürfe, die der Form des wachsenden Organismus zugrunde liegen, vergleichbar mit magnetischen Feldern, und dass diese Felder sich selbst organisieren können und ihren Einfluss auf alles Lebendige haben. Durch die anerkannte Wissenschaft sind diese Felder noch immer nicht bestätigt, wobei man vermutet, dass es zwar noch keine geeigneten Mess- und Nachweissysteme dafür gibt, es sie aber bald geben wird. Auch unsere Gedanken sieht man schließlich nicht dadurch, dass man den Kopf aufschneidet und ins Gehirn schaut – dennoch existieren sie, woran wohl keiner Zweifel hat.

Wichtig ist nach dieser These, dass die Felder Gestalt annehmen können und sich wie Organismen zu einer größeren Familie von Feldern, den sogenannten morphischen Feldern, entwickeln können und dass sie aufgrund eines Prozesses, den man morphische Resonanz nennt, ein Gedächtnis haben.

Bei der Organisation von Wahrnehmung, Verhalten und geistiger Tätigkeit werden sie als Wahrnehmungs-, Verhaltens- und geistige Felder bezeichnet. Bei Kristallen und Molekülen heißen sie Kristall- und Molekülfelder, bei der Organisation von Gesellschaften und Kulturen spricht man von sozialen und kulturellen Feldern. Alle diese Arten von organisierenden Feldern sind nach *Sheldrakes* Theorie morphische Felder.

Manipulationen im morphogenetischen Feld

Das HAARP Forschungsprogramm (High Frequency Active Auroral Research Project) ist ein Projekt der Luftwaffe der USA und des Geophysikalischen Instituts der Universität Alaska, bei dem mithilfe von Antennen und Sendern die Ionosphäre mit starken Radiowellen aufgeheizt wird. Weitere ähnliche Anlagen gibt es in Arecibo auf Puerto Rico, Nischni Nowgorod in Russland, in Duschanbe in Tadschikistan und an anderen Orten. Durch Manipulation der elektrischen Eigenschaften in der Atmosphäre lassen sich gewaltige Kräfte kontrollieren. Wird dies als militärische Waffe eingesetzt, können die Folgen für den Feind verhängnisvoll sein, denn durch HAARP lässt sich ein fest umrissenes Gebiet millionenfach stärker mit Energie aufladen als mit irgendeiner anderen herkömmlichen Energiequelle. Die Energie lässt sich auch auf ein bewegliches Ziel ausrichten, zum Beispiel auf feindliche Raketen. Das Projekt ermöglicht die Manipulation der globalen Wetterverhältnisse sowie die Störung der weltweiten Kommunikationssysteme. HAARP bewirkt Veränderungen der klimatischen Bedingungen und beeinträchtigt das gesamte Ökosystem. Die Ionosphäre schützt uns vor einfallender kosmischer Strahlung. Sie befindet sich in der oberen Schicht der Erdatmosphäre, zwischen 60 und 1.000 km über dem Erdboden, und ist besonders reich an elektrisch geladenen Teilchen, den sogenannten Ionen. Die elektrisch positiv aufgeladene Ionosphäre bildet einen Gegenpol zur negativ geladenen Erdoberfläche, weshalb zwischen beiden ständig eine elektrische Spannung herrscht, die sich regelmäßig durch Gewitter entlädt.

Sie haben Auswirkungen und Einfluss auf uns alle – das wissen auch die „Machthaber" dieser Erde. Denn was Einfluss auf unser Denken und Verhalten hat, das möchte von wem auch immer gern in seinem Sinne beeinflusst werden, meist mit dem Ziel, sich selbst Vorteile zu verschaffen. Ein Bestreben, das vom Ego gesteuert wird und von dem niemand ganz frei ist. Je stärker ein bestimmtes Feld ist und je länger es besteht, desto eher formt sich ein kollektives bzw. vereintes Gedächtnis, das wiederum

Die Manipulationen in der Ionosphäre können auf Lebewesen im Extremfall wie elektromagnetische Waffen wirken. So häufen sich unerklärliche Angriffsgefühle wie Brummtöne oder nervtötende Geräusche am Rand der Hörbarkeit, deren Quelle niemand finden kann. Forscher, die sich mit den Wirkungen von HAARP beschäftigen, sprechen von einer großen Wahrscheinlichkeit, dass hierfür Manipulation durch Bestrahlung mit Mikrowellen oder sogenannten *ELF-Wellen* (extreme low frequences) verantwortlich sein könnte und dass die gigantischen Anlagen zur aktiven Bewusstseinskontrolle der Bevölkerung geeignet sein könnten. Durch Messungen der Gehirnströme kann man feststellen, dass das Gehirn elektromagnetische Wellen produziert, die im niedrigen Bereich zwischen 1 und 20 Hz liegen, die wiederum mit unterschiedlichen Bewusstseinszuständen einhergehen und auf von außen angebotene Frequenzen reagieren. Die *ELF-Wellen* des HAARP-Projektes können auf diese Weise Einfluss auf das menschliche Bewusstsein haben und darüber hinaus als Trägerwellen dienen, auf die eine manipulierende Information *aufmoduliert* werden kann, zum Beispiel, um Informationen wie Werbung in die Gehirne ahnungsloser Menschen einzuspeisen. Sensible Menschen spüren bereits geringfügige Veränderungen im Erdmagnetfeld – zum Beispiel *Wetterfühligkeit* vor einem heranziehenden Gewitter –, wenn es zu einer lokalen Verringerung des Magnetfeldes kommt. Unser Gehirn reagiert auf schwache Impulse sehr stark, sodass Informationsübertragung auf einer eher feinstofflichen Ebene im Gehirn durchaus zu Reaktionen führen kann, die nur im Unterbewusstsein ablaufen und uns deshalb steuern können, ohne dass wir dies bemerken.

Alles ist Schwingung, Information und Bewegung.

dafür sorgt, dass sich diesem Feld immer mehr Lebewesen anschließen, die das gleiche (unbewusste und nicht unbedingt reflektierte) Verhalten annehmen. Beim Menschen kann man sich diese Art des kollektiven Gedächtnisses ähnlich vorstellen wie *C. G. Jungs* „kollektives Unbewusste", das große Macht auf Kulturen und Gesellschaften hat und auch die Persönlichkeit jedes Einzelnen stark beeinflusst, ohne dass man bewusst merkt, warum man sich so oder so verhält. Aus dieser Sicht ist die Natur prinzipiell gewohnheitsmäßig. Selbst die sogenannten *Naturgesetze* sind eher so etwas wie Gewohnheiten. Jedes Feld wird durch vielfache Wiederholungen immer stärker. Je häufiger sich Muster wiederholen, desto wahrscheinlicher werden sie. Diese Felder enthalten eine Art kumulativen Gedächtnisses und nehmen zunehmend den Charakter des Gewohnheitsmäßigen an. Felder entwickeln sich in der Zeit und bilden die Basis für Gewohnheiten, die zum Teil so tief wurzeln, dass sich kaum eine Veränderung beobachten lässt. Denken Sie nur an die *Normalitäten* in unserem Alltag: Nahezu jeder hat einen Fernseher, einen Kühlschrank, ein Auto – eine Welt mit Kriegen scheint normal zu sein und auch, dass wir sterben müssen oder dass Zähne nur zweimal wachsen. Je mehr Menschen das für Gesetz halten und je länger an diesem Gedankengut festgehalten wird, desto stärker und fixierter wird das jeweilige Feld. Die Erde ist eine Scheibe – bis jemand auf die Idee kommt, es könnte auch ganz anders sein, als man gemeinhin glaubt.

Die gezielte Stärkung des heilen Feldes der Mutter Erde

Mit der Kraft von Ritualen können wir gegen solche Manipulationen etwas unternehmen. Tun wir uns zusammen, und bekämpfen wir die Mächtigen, Diktatoren und Profithaie dieser Welt, indem wir zeigen, dass wir uns das nicht mehr gefallen lassen! Unser Denken isoliert gern Erfahrungen und Ereignisse und unterteilt sie in gut und schlecht. Damit nehmen wir eine sehr eingeschränkte Perspektive ein und verneinen, dass alles, was auf dieser Erde und im Universum existiert, mit allem zusammenhängt. Das annehmen, was ist, ohne ständig nach dem Glück („des einen Glück ist des anderen Unglück") als Sinn des Lebens zu suchen, bedeutet zu erkennen und zu akzeptieren, dass das Leben einer höheren Ordnung unterliegt. Zumindest das Leben auf dieser Erde, wo es den Tag genauso gibt wie die Nacht, den Pluspol genauso wie den Minuspol, sogar auf der Ebene der Zellen. Jede Medaille hat zwei Seiten und die eine ist nicht besser als die andere. Unsere menschlichen Sinne sind jedoch zu beschränkt, um die ganzen Zusammenhänge und die höhere Ordnung hinter den Dingen wahrzunehmen.

Vielmehr müssen wir zunächst annehmen, was ist, und zwar im Wissen, dass genau darin die beste Voraussetzung für ein Veränderungs- und Heilungspotenzial liegt. Solange wir in einer Welt der Dualität leben, müssen wir die andere Seite auch als Spiegel erkennen und den Anteil, den wir an dem ganzen Geschehen haben, in uns selbst annehmen und heilen lernen. Alles in diesem polaren Erdenleben ist berechtigt und sinnvoll. Der eine stellt sich als Opfer zur Verfügung, der andere als Täter, so lange und durch so viele Inkarnationen hindurch, bis wir das Spiel verstanden haben und ein anderes Spiel wählen können: das Spiel der *Liebe* nämlich.

Gäbe es keinen Schatten, würden wir das Licht nicht sehen können, und wir könnten nicht wachsen an unseren Erfahrungen und könnten unsere persönliche, geistige und kosmische Entwicklung nicht vorantreiben.

Noch weiter polarisieren gegen die Mächtigen und Diktatoren der Welt würde nur in weitere Duelle münden, die mit immer stärkeren Waffen ausgetragen würden. Kampf führt nicht nur zu nichts, es führt immer nur zu noch mehr Kampf.

Das chinesische Yin- und Yang-Zeichen symbolisiert die Doppelnatur allen Seins, das immerwährende Prinzip der Polarität allen Lebens. Das Dunkle (Yin = weibliches Prinzip) und das Helle (Yang = männliches Prinzip) ergänzen sich harmonisch, bringen sich fortwährend gegenseitig hervor und enthalten in sich immer auch den Kern des jeweils anderen Teils. Nur so ist Gleichgewicht möglich, und nur dadurch kann die Lebensenergie frei fließen. Yin und Yang bilden das dynamische Gegensatzpaar, das allem Leben zugrunde liegt.

Was können wir also tun und mit welcher Absicht, wenn wir die große Kraft der Rituale nutzen, um eine Welt in Harmonie und mit weniger Ausbeutung zu schaffen, damit sich alle Geschöpfe wohler fühlen? Wir können durch eine andere Sichtweise positiver denken und dürfen die Kraft der Veränderung mithilfe schöner Rituale getrost erwarten. Wenn wir das HAARP-Projekt und andere Versuche der Einflussnahme durch die Mächtigen und Ausbeuter dieser Welt als einen der letzten großangelegten Versuche begreifen, einer lichtvollen gerechten Entwicklung Einhalt zu gebieten, die sich doch in letzter Konsequenz nicht mehr aufhalten lässt, so können wir jetzt einen friedlichen und doch sehr kraftvollen Weg beschreiten, durch Erweiterung unseres persönlichen Bewusstseins weitere Bedrohungen und Angriffe irgendwann weltweit überflüssig zu machen.

Bekämpfen wir also nicht weiter die Unterschiede, sondern kümmern wir uns lieber um die *Verbindung der Unterschiede* auf dieser Welt. Statt das dunkle Feld durch Aufmerksamkeit, Gedanken und Gefühle in dieser Richtung immer weiter zu nähren, können wir uns jetzt entscheiden, ein lichtes, liebevolles, morphogenetisches Feld der Liebe und Achtsamkeit erstarken zu lassen, das sowieso schon vorhanden ist, wenn auch vielleicht noch etwas schwach. Durch die zahllosen spirituellen Gruppen weltweit, die beständig wachsen, ist der Same bereits gelegt, und er hat sogar schon angefangen, zu keimen und zu wachsen. Die neue Zeit ist angebrochen, sie **ist** bereits!

Es ist eine schöne Zeit, in der sich immer mehr Menschen von Ausbeutung, Unmenschlichkeit und einer Zeit-ist-Geld-Mentalität verabschieden wollen. Unser Bewusstsein wird von einer göttlich-schöpferischen Quelle von evolutionärer Kreativität genährt, die wieder an die Natur und den Geist in allen Dingen angebunden ist. Neue Gedankensysteme, neue Formen des Zusammenlebens und neue Verhaltensmus-

Yin und Yang – Sinnbild der Polarität des Lebens.

ter werden hervorgebracht, und wir nähren sie, je öfter wir sie wiederholen. Das morphische Feld des Friedens und der Achtsamkeit wird durch Wiederholung immer stärker und stabiler werden, da braucht es keinen Kampf gegen das andere mehr, es wird sich von selbst ad absurdum führen und erledigen.

Jede Aktion, die ohne Egoismus dem Wohl aller dient und durchgeführt wird, um uns selbst und die Erde zu heilen, nährt dieses Feld ein Stückchen mehr. Es macht nichts, wenn wir manchmal zurückfallen in den *Kampfmodus*, der immer auch ein Stressmodus für Körper, Seele und Geist ist. Wir sind ja schließlich auch nur Menschen, deren emotionale Knöpfchen jederzeit wieder gedrückt werden können. Aber wenn wir beständig üben, werden kleine und größere Erfolge nicht ausbleiben!

Jede Ritualarbeit soll aus dem Geiste der Liebe und Verbundenheit heraus geschehen – mit den anderen Menschen einerseits, aber darüber hinaus auch mit jedem anderen Lebewesen der Erde.

So hat unser Tun die größte Wirkung auf alle Beteiligten, und unsere innere Zufriedenheit wächst mit jedem Mal mehr.

Wir leben alle in einem Feld der Möglichkeiten, und wir haben die Wahl!

Die wichtigste Erkenntnis, die die Quantenphysik aus neueren Versuchen und Experimenten gezogen hat, ist die: Wir leben in einem Feld der Möglichkeiten. Welche Möglichkeit verwirklicht wird, hängt davon ab, ob wir glauben, dass sie sich verwirklichen lässt, bzw. davon, in welche Richtung wir die Energie unserer Gedanken bewusst oder unbewusst lenken, das bedeutet, ob sich unser Schicksal oder bestimmte Ereignisse in unserem Leben in die positive oder negative Richtung entwickelt, hängt von uns selbst ab! Das sind bahnbrechende Erkenntnisse, denn damit sind wir dem Schicksal nicht mehr machtlos ausgeliefert, sondern können mithilfe unseres Bewusstseins wieder selbst das Ruder übernehmen. Das Dumme daran ist nur, dass wir jetzt auch die volle Verantwortung für das übernehmen müssen und dürfen, was uns im Leben widerfährt, also auch für Gesundheit, Krankheit, Wohlbefinden oder Missempfinden. Niemand anderer kann uns diese Verantwortung abnehmen, und niemand hat Schuld an dem, was wir meinen, erleiden oder erdulden zu müssen.

Das Beste *erwarten*

Wir stellen uns gewöhnlich das Licht als *Strahl* vor, es hat jedoch eine „Doppelnatur", wie Experimente der Quantenphysik gezeigt haben. Im sogenannten *Doppelspaltversuch* wurde bewiesen, dass Licht, das durch einen Spalt tritt, sowohl als Welle als auch als Teilchen durch diesen Spalt gehen kann. Man wusste zunächst nicht, wovon das abhängt, erschien es doch völlig willkürlich, wann das Licht sich „entschloss", als Welle oder als Teilchen durch den Spalt zu gehen, bis die Forscher feststellten, dass unsere Gedanken bzw. unser Bewusstsein der entscheidende Faktor war. Sobald jemand oder etwas (zum Beispiel eine Kamera) beobachtet, wie das Licht durch den Schlitz ging, bildeten sich Teilchen, also Materie; wenn hingegen niemand hinsah, zeigte sich wieder die Welle. Seitdem spricht man vom Welle-Teilchen-Dualismus des Lichtes. Es zeigt sich das, was wir *erwarten*, wie im richtigen Leben. Das Licht kann anscheinend unsere Gedanken lesen, und was wir erwarten, wird Realität.

Wir sind wahrlich nicht mehr machtlos und entwickeln über die bewusste Kontrolle unserer Gedanken und Gefühle immer mehr Möglichkeiten, unser körperliches und emotionales Befinden selbst zu regulieren bzw. beides immer schneller wieder in Harmonie zu bringen. Die moderne Physik hat nachgewiesen, dass zwei im Raum getrennte Teile desselben Systems durch ein Quantenfeld miteinander verbunden sind. Aber dies ist kein Feld im gewöhnlichen Raum, sondern es wird vielmehr mathematisch als ein vieldimensionaler Raum von Möglichkeiten dargestellt. *Sheldrakes* morphische Resonanz bedeutet deshalb auch, dass wir jenseits von Raum- und Zeitgrenzen hinweg in Resonanz stehen sowohl mit den Menschen, die in unserer Umgebung sind, als auch mit den Millionen, die die Erde sonst noch bevölkern, und mit den Verstorbenen bzw. der Vergangenheit ebenso verbunden sind wie mit den Lebenden bzw. der Gegenwart und selbst der Zukunft. So erstrecken sich auch alle Geistestätigkeiten bzw. Aktivitätsmuster im Gehirn gewissermaßen als Felder über unsere physischen Grenzen hinaus in die Umgebung, und zwar unendlich weit bis in das Universum hinein. So sind wir alle mit dem kollektiven Gedächtnis unserer Gesellschaft und Kultur und letztlich mit dem kollektiven Gedächtnis der gesamten Menschheit verbunden.

Vielleicht ahnen Sie schon, wie wichtig es ist zu überlegen, warum Sie nach bestimmten Ritualen handeln oder daran teilnehmen möchten. Ich möchte Sie an Ihre Verantwortung erinnern und gleichzeitig an Ihre persönliche Kraft und Anbindung an das Ganze, in das Sie mit einem Ritual zwangsläufig eingreifen. Nicht nur die im Ritual direkt anwesenden Menschen und Geschöpfe werden durch das Ritual beeinflusst, sondern auch Millionen anderer Lebewesen auf der Erde und im Universum, die mit uns verbunden sind.

Ich möchte Sie dazu ermuntern, das Ritual „zum höchsten und besten Wohle aller Beteiligten" abzuhalten und egoistische Beweggründe möglichst zu minimieren oder ganz wegzulassen, soweit das möglich ist (jeder will sich toll und wichtig fühlen im Ritual, aber darum geht es nicht), auch wenn daraus Konsequenzen entstehen, die Ihr Verstand zunächst einmal nicht nachvollziehen kann. Wundern Sie sich also nicht, wenn es Ihnen zum Beispiel körperlich nach einem Ritual nicht unbedingt gut geht. Vielleicht durchlaufen Sie einen heilsamen Reinigungsprozess, der aber genau notwendig und richtig ist, um Freiraum zu schaffen für wirkliche Freude, wirkliches Glück und Wohlbefinden.

Kelten, Germanen oder Christen ...

Im Folgenden geht es darum, Stationen im Jahreslauf auszuwählen, um die lichtvollen Kräfte des Universums und der Erde zu stärken und uns selbst mit den Kreisläufen und Rhythmen der Natur zu verbinden. In unseren Breiten ist es offensichtlich, dass sich die etablierten Kirchen etliche ursprüngliche Feste der naturreligiösen Völker zu eigen gemacht haben.

Abgebildet sind diese Feste im sogenannten Kirchenjahr, das die Summe aller Sonn- und Feiertage der christlichen Kirchen abbildet und in der katholischen und evangelischen Tradition mit dem ersten Adventssonntag beginnt (in der orthodoxen Kirche am 1. September). Die Grundordnung des Kirchenjahres von 1969 enthält den heute gültigen liturgischen Kalender der römisch-katholischen Kirche. Er gliedert das Kirchenjahr in drei Hauptteile:

- den *Weihnachtszyklus* mit vier Adventssonntagen, dem Weihnachtstag mit seiner Oktav, Sonntag(en) nach Weihnachten, Erscheinung sowie Taufe des Herrn
- den *Passions-* und *Osterzyklus* mit Fastenzeit, Heiliger Woche mit dem Triduum Sacrum, der Osteroktav und sieben Sonntagen bis Pfingsten
- die *Zeit im Jahreskreis*: nach dem Fest der Taufe des Herrn bis Aschermittwoch sowie vom Pfingstmontag bis zum Tag vor dem ersten Advent.

Anstelle der Adventszeit kennt das orthodoxe Kirchenjahr eine 40-tägige vorweihnachtliche Fastenzeit, die am 15. November beginnt. Alle unbeweglichen Festdaten des Kirchenjahres folgen hier dem julianischen Kalender, der 13 Tage hinter dem gregorianischen Kalender zurückliegt.

Konzentrierten sich die Feste des Kirchenjahres zunächst vor allem auf die Zeit um Ostern und Weihnachten herum, so wurden sie im Laufe der Zeit allmählich zu einem Jahreszyklus vervollständigt. Inhaltlich ist das Kirchenjahr vor allem ein Abbild für das Leiden und Sterben Jesu sowie der Hoffnung verheißenden Auferstehung Jesu Christi. Es erinnert uns daran, dass wir auf seine Wiederkunft hoffen dürfen und dass damit die paradiesische Zeit beginnt.

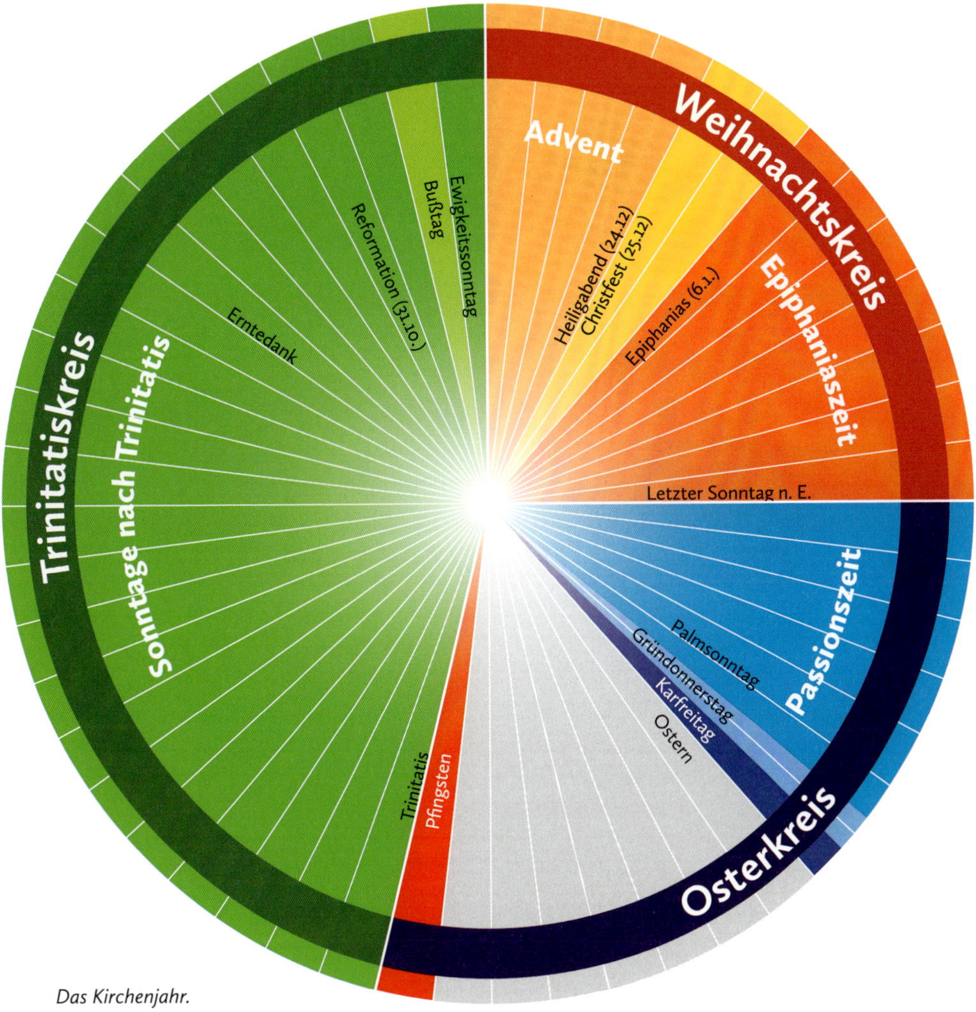

Das Kirchenjahr.

Jesu Geburt wurde von großen Teilen der Christenheit anfangs am gleichen Tag wie Pessach (15. Nisan), am 25. März (Frühlingsäquinoktium) oder am 6. Januar – dem heutigen Fest der Erscheinung des Herrn – gefeiert. Letzterer war im Römischen Reich auch der Beginn einer Äonenwende, die von der Geburt eines neuen Herrschers erwartet wurde. Darum verband sich mit Weihnachten das Bewusstsein einer neuen Ära analog zum heidnischen goldenen Zeitalter, sodass das angenommene Geburtsjahr Jesu 525 mit dem Beginn einer neuen Zeitrechnung identifiziert wurde.

Unsere Kirchen sind nicht nur für Christen schöne Orte der Besinnung.

Seit dem 5. Jahrhundert wurde das Kirchenjahr vor allem in Rom durch neue Elemente und Festdaten ergänzt, zum Beispiel mit Christi Himmelfahrt, Pfingsten, Advent, Allerseelen/Allerheiligen, Fronleichnam etc. Seit Anfang des 20. Jahrhunderts kamen zunehmend auch einzelne Sonntage mit bestimmten Intentionen, wie zum Beispiel das Erntedankfest, hinzu.

Falls Sie einer der christlichen Religionen angehören und vielleicht regelmäßig in die Kirche gehen, wissen Sie, wie sehr sich die Kirche rituelle Bestandteile für ihre Gottesdienste zunutze macht, seien es rituelle Ansprachen, Wortwiederholungen, fast magisch anmutende Handlungen, Gesänge, Klänge oder Räucherungen. Das Instrumentarium wirksamer Riten und Zeremonien ist der Kirche seit Tausenden von Jahren bekannt und vertraut, und trotz aller Skandale weiß sie diese noch heute nutzbringend einzusetzen, wenn auch nicht immer zum Wohle aller Beteiligten.

Die Sehnsucht nach dem Ursprünglichen

Bei so manchem Spirituellen, Naturheiler und selbst ernannten Schamanen hat die Berufung auf die keltische oder germanische Religion ihren Grund eher in der verständlichen Sehnsucht nach dem Ursprünglichen, Heilen, Guten und Schönen als in den oft behaupteten Tatsachen. Je weniger wir mit der starren institutionalisierten und ihre Macht missbrauchenden Kirche anfangen können und je größer die Sehnsucht nach Freiheit und Selbstbestimmung der Menschen ist, desto größer wird die Zahl derer, die sich in Erinnerung alter Werte und Bräuche zusammentun, um ein großes friedvolles und liebevolles *Feld der neuen Zeit* zu erschaffen. Wir haben genug von einer Welt, in der augenscheinlich das Geld über die Ethik regiert, und wir möchten uns endlich miteinander wohlfühlen dürfen, ohne ständig dabei kontrolliert und gegängelt zu werden. So suchen wir Zuflucht zu den alten Traditionen unserer Vorfahren, zu deren Institutionen, Riten und Zeremonien und zu den Göttern, Verstorbenen und Krafthelfern, die sich – angeblich – vor der Christianisierung in unseren Landen tummelten.

Doch was war eigentlich vor der Christianisierung? Was sind unsere wirklichen Wurzeln, und sind sie geeignet, uns durch diese anstrengende Zeit voller Unsicherheiten zu geleiten? Sind die ursprünglichen Rituale stark genug, um den Durchbruch ins goldene Zeitalter zu unterstützen und den manipulierenden Frequenzen dieser technikhörigen Zeit etwas entgegensetzen zu können mit dem Ziel, die Einheit wiederherzustellen? Wir haben nicht viele Fakten! Und die wenigen Funde aus keltischer oder germanischer Zeit sind mehr Ausdruck des Wunschdenkens und der Versonnenheit spintisierender und spiritisierender Möchtegernweiser als überlieferte Tatsachen, von denen aus wir auf die Art des Lebens und der magischen Handlungen dieser Völker schließen können. Das hat ganz einfach den Grund darin, dass die religiösen und mythischen Erzählungen der Kelten, wenn überhaupt, nur mündlich und nicht schriftlich überliefert sind, und dass nicht einmal klar ist, welche Völker überhaupt als Kelten bezeichnet werden können.

Das keltische Baumhoroskop

Das keltische Baumhoroskop lässt sich bei den Kelten weder durch antike noch durch mittelalterliche Quellen über keltische Religion und Bräuche belegen. Es hat vielmehr seinen Ursprung im Buch „The White Goddess“, erschienen 1948 (deutsche Übersetzung: „Die weiße Göttin“, 1981) des britischen Dichters Robert Graves, in dem der Autor durch eine meist willkürliche etymologische Zuordnung von Ogham-Zeichen (= keltische Schriftzeichen) zu einzelnen Bäumen einen keltischen Baumkalender entwickelte.

Die heute bekannteste Form dieses Horoskops geht vermutlich auf eine Artikelserie der französischen Journalistin *Paula Delsol* zurück, die 1971 im Auftrag des Mode- und Lifestyle-Magazins „Marie Claire“ eine Reihe von Horoskopsystemen erfand, die alten Kulturen nachempfunden waren. Unter anderem entwickelte *Delsol* ein offenbar *Robert Graves* nachempfundenes „keltisches Baumhoroskop“, das 1984 unter dem Titel „Bäume lügen nicht. Das keltische Horoskop“ erstmals auf Deutsch erschien. Diese Ausgabe des Buches berief sich vorerst auf eine uralte, tatsächlich jedoch erfundene Texttradition.

In einem sich bis zum deutschen Bundesgerichtshof hinziehenden Streit um Fragen des Urheberrechts und das Recht zur Weitergabe der Verwertungslizenzen (Urteil vom 27. Juni 1991, Erster Zivilsenat, Aktenzeichen I ZR 7/90) musste die reale Geschichte des „keltischen Baumhoroskops“ offengelegt werden. Hierbei stellte sich heraus, dass die deutsche Ausgabe eine Weiterübersetzung des französischen Artikels in einem polnischen Gartenkalender war. Ein Übersetzungsfehler, der den in Polen unbekannten, in Frankreich aber weitverbreiteten Zürgelbaum (lateinischer Name *Celtis australis* aus der Familie der Hanfgewächse) zur Zeder machte, war der Beweis. Die Zeder war den Kelten unbekannt. Sie wurde erst im 17. Jahrhundert in England angepflanzt. Aufgrund dieses Fehlers ist die Zeder jedoch bis heute Bestandteil der meisten „keltischen Baumhoroskope“ im deutschsprachigen Raum geblieben.

Der Kalender von Coligny

Im November 1897 wurden bei der Gemeinde *Coligny* in Südostfrankreich Teile einer Bronzestatue des Gottes Mars zusammen mit über hundert Bruchstücken einer Bronzeblechtafel entdeckt, die mit lateinischen Buchstaben in gallischer Sprache beschriftet war und offenbar ein altes Kalendersystem aus dem 1./2. Jahrhundert n. Chr. darstellte. Dieser *Kalender von Coligny* könnte auch für kultische Zwecke benutzt worden sein. Die Analyse des Kalenders ließ auf einen „Lunisolaren Zyklus" (Sonne und Mond) schließen, dessen Basis ein Mondjahr mit 12 Monaten und 355 Tagen war, wobei sieben Monate je 30 und fünf Monate je 29 Tage hatten. Der sich zum Sonnenjahr ergebende Unterschied wurde dadurch ausgeglichen, dass nach 31 Monaten ein Schaltmonat zu 30 Tagen eingeschoben wurde. Der gefundene Kalender enthält somit 62 Monate. Die Mondphasen werden mit diesem Kalender im Gegensatz zu unserem jetzigen gregorianischen Kalender sehr gut abgebildet.

Religiöse Feste oder Götternamen sind trotz gegenteiliger Deutungsversuche im Unterschied zu anderen antiken Kulturen jedoch nicht verzeichnet. Wie weit die Sehnsucht nach dem ursprünglich Kultischen geht, zeigt jedoch, dass sich aus diesen (fast) jeder Basis entbehrenden Spekulationen mannigfaltige *echte* Glaubenssysteme mit den dazugehörigen Ritualen in interessierten Kreisen entwickelten. Der keltische Jahreskreis, das keltische Baumhoroskop, der keltische Baumkalender, die keltischen heiligen Haine usw. zeugen davon, wie stark der moderne Mensch das Bedürfnis hat, sich am Natürlichen, Erdverbundenen, Echten und Unzerstörbaren festzuhalten.

Im Unterschied zum Mond-Sonnen-Kalender von Coligny wird der irische Jahreskreis auf der Grundlage des Sonnenjahres aufgebaut, und das ist uns von der Terminologie her eher vertraut. Der Jahresbeginn und gleichzeitig der Beginn des Winterhalbjahres wird hier traditionell mit Samhain (etwa sechs Wochen nach der Herbst-Tagundnachtgleiche) bezeichnet. Es folgt Imbolc (etwa sechs Wochen nach der Wintersonnenwende), der Frühlingsbeginn, Beltane (etwa sechs Wochen nach der Frühlings-Tagundnachtgleiche) markiert den Sommerhalbjahresbeginn und Lughnasad (circa sechs Wochen nach der Sommersonnenwende) den Herbstbeginn. Diese Bezugspunkte sind uns vertraut,

Die ältesten Belege für heilige Haine stammen aus Homers Ilias und Odyssee. Hier werden Haine beschrieben, die Athena, Poseidon, Apollon, Aphrodite und Zeus geweiht sind. Der Hain enthält gewöhnlich eine Quelle. Die keltische Bezeichnung für einen abgegrenzten Sakralbezirk, später für ein architektonisches Heiligtum, war vermutlich nemeton, mit dem lateinischen Wort nemus (Gehölz) verwandt.

daher habe ich sie und andere Feste für die Jahreskreisstationen in diesem Buch ausgewählt.

Auch wenn die Feste wie Samhain, Imbolc, Beltane oder Lughnasad, die Sonnwendfeiern oder das eher esoterische System des keltischen Jahreskreises, Baumhoroskops und Baumkalenders auf vielen Spekulationen fußen mögen, so ist es doch sinnvoll, diese Gelegenheiten als heilige Zeit zu nutzen, um uns und die Schöpfung inmitten der Natur zu ehren. Wenn zu Samhain die Elfenhügel offen sind und wir mit den Bewohnern der Anderswelt in Verbindung treten und mit ihnen feiern können, oder wenn zu Beltane das Feuer der Sinnenlust, Fruchtbarkeit und Freiheit entzündet wird, dann ist es doch eigentlich egal, ob dieses zeremonielle Tun rational und wissenschaftlich begründet ist. An den acht Stationen im Jahreskreis werden wir uns wieder in das Rad des Lebens einklinken, und je öfter und regelmäßiger wir das tun, desto stärker verbunden und selbstbewusster werden wir werden, immer im Einklang mit der Natur und mit dem ursprünglichen Plan unserer Seele.

Was die Menschen bei aller Skepsis den sogenannten Überlieferungen gegenüber zu Recht anzieht, ist die Mischung aus Naturhoroskop, praktischer Psychologie und natürlicher Lebenshilfe, die jeden Menschen als Teil eines übergeordneten Ganzen und als Mitglied einer achtsamen und liebevollen Lebensgemeinschaft sieht und nicht nur als funktionierenden Baustein einer auf Macht und Ausbeutung basierenden roboterhaften Zivilisation. Jeder Einzelne von uns hat das Recht – und dieses nehmen wir uns mit jedem bewusst begangenen Ritual –, sich gemäß seiner natürlichen Anlagen in Freiheit weiterzuentwickeln, ohne die Grenzen anderer Geschöpfe zu verletzen. Die Beobachtung der Natur und ihrer Rhythmen, der Jahreszeiten, des Lichtes im Sommer, der Dunkelheit im Winter, gehört zu uns so selbstverständlich wie unsere einzigartigen genetischen Anlagen. Nach den individuell gegebenen Lebens-, Umwelt- und Kulturvoraussetzungen können wir uns entwickeln wie ein Baum, der an einem günstigen oder ungünstigen Ort gepflanzt wurde. Wir können uns selbst nähren oder dahinvegetieren, indem wir unser Schicksal kritiklos annehmen. Oder aber wir nutzen die Rhythmen der Natur als Wiedererinnerung, dass wir stetig mitfließen mit den Wellen der Natur und dass jeder bewusst begangene Augenblick ein Geschenk der göttlichen Quelle und ihre Inspiration ist.

Der Jahreslauf als Sinnbild ewiger Schöpfung

Wie die bisherigen Ausführungen zeigen, ist es relativ schwierig, sich anhand irgendwelcher Kalendarien früherer Generationen für die richtigen Fest- und Ritualpunkte im Jahresverlauf zu entscheiden. Was bleibt und sinnvoll erscheint, ist das Sich-Einklinken in den Rhythmus der Natur, der wiederum bei verschiedenen Völkern sehr unterschiedlich sein kann. So liegt es nahe, dass für einen Ureinwohner im Dschungel des Amazonas, der keine Jahreszeiten kennt, für die Verehrung der Natur andere Rituale relevant sind als zum Beispiel für uns, waren unsere Vorfahren doch seit jeher den Kräften von Kälte und Hitze, von Werden und Vergehen, von Aussaat- und Erntezeiten ausgesetzt.

Für unsere Ahnen und auch für uns moderne Menschen war und ist es äußerst wichtig zu erkennen, dass alles lebt, wächst und sich fortwährend wandelt nach den kosmischen Gesetzen des Jahreskreises. Denn ein Verständnis dieser Kreisläufe setzt zugleich ein Verständnis für das Leben schlechthin voraus.

Natürlich spürte man früher ohne Zentralheizung und Strom aus der Steckdose noch sehr viel direkter, dass alles in die Natur eingebunden war und seinen Platz hatte, an dem der Mensch im Einklang mit der Natur zurechtkommen musste, ob er nun der Kälte des Winters ausgesetzt war oder der Zeit der Fülle, wenn das Korn geerntet werden konnte. So hatten die Jahreszeiten innerhalb des Rades genauso ihre spezifischen Qualitäten wie die verschiedenen Mondphasen oder der Tag und die Nacht.

In diesem Buch geht es um acht markante Fixpunkte im Kreis des Jahres, die als kraftvolle rituelle Feste gefeiert werden können, da sie symbolhafte archetypische Eigenschaften und kosmische Qualitäten in uns berühren.

Jedes Fest, das wir bewusst feiern, integriert uns wieder in den allgemeingültigen Rhythmus der Natur und verbindet uns mit unserem innersten Herzensrhythmus als Teil dieser wunderbaren Welt.

Da ist es nicht wichtig, ob diese Feste von den Kelten, Germanen, Iren oder sonstigen Vorfahren tatsächlich zelebriert wurden oder

Die acht goldenen Fäden

Die Magie der Acht habe ich 2011 auf einer Reise nach Island hautnah erfahren. Ich war mit einer Gruppe per Bustour unterwegs, und wir legten in den vier Himmelsrichtungen mit Steinen das Symbol der Venusblume, die als Symbol der Liebeskraft gilt, jeweils mit einem schönen Ritual. Bei der zweiten Station im Westen strömten alle Teilnehmer aus dem Bus in die Umgebung aus, um Steine zu sammeln und sich achtsam mit der Umgebung und den hier lebenden Naturwesen zu befreunden. Ich stieg als Letzte aus dem Bus aus und blieb direkt vor dem Bus wie angewurzelt stehen. Meine Beine schienen im Erdboden festzustecken, als wären sie aus Blei, und es war mir ganz und gar unmöglich, auch nur den kleinsten Schritt zu tun. So blieb ich vor dem Bus stehen und wartete, was als Nächstes geschehen würde. Mein Blick ging nach vorn zu einem Flusstal, das ganz hinten links und rechts vom Fluss von zwei hohen Felsen begrenzt wurde. Diese Felsen blickten sich gewissermaßen gegenseitig an mit Nasen aus Stein, die zueinander zeigten. Der rechte Felsen hatte einen Vorsprung, der aussah wie eine große steinerne Hand, die ihre Handfläche zu mir richtete. Da ich – unbeweglich wie ich hier stand – nichts weiter zu tun hatte, richtete ich meine rechte Hand zu eben dieser Felsenhand, sodass es aussah, als würde meine Hand die Hand des Felsens berühren bzw. bedecken. Zu meiner Überraschung warf mir die Felshand in dem Augenblick, als die beiden Hände deckungsgleich waren, ein goldenes Knäuel aus Fäden zu, das ich staunend betrachtete, mit der Information: „Nimm acht Fäden und spanne sie zu den Hügeln der Feen ringsherum!“ Ich stand in einem wunderschönen Tal, und die nebelbehangenen Berge sahen wirklich aus wie Feenhügel, was für die naturverbundenen Isländer übrigens eine selbstverständliche Vorstellung ist. Also spann ich acht Fäden ringsherum zu den Hügeln. Als der letzte Goldfaden seinen Platz gefunden hatte, konnte ich wieder gehen, mein Auftrag war erledigt.

Gold ist die Farbe des Prachtvollen, der Sonne, Wärme, des Reichtums, der Lebenskraft und Inspiration. Im spirituellen Bereich vertritt Gold den höchsten Punkt der geistigen Entwicklung.

Die Strudel-Galaxie (M 51) im Sternbild der Jagdhunde – einer der schönsten Spiralnebel am nördlichen Sternenhimmel. M 51 ist ein gewaltiges Milchstraßensystem in rund 25 Millionen Lichtjahren Entfernung.

nicht. Die Erde und der Kosmos mit seinem morphogenetischen Feld werden unser Anliegen verstehen und unsere Heilkräfte empfangen, und sie werden uns als Antwort eben diese Heilung zurücksenden in unser persönliches Feld aus Körper, Geist und Seele.

Mit jedem Ritual werden wir mithilfe unseres Bewusstseins ein Stück weit in die unsichtbare Anderswelt eintauchen können, die sich immer weiter öffnen wird für unsere Wahrnehmungen und unsere Sinne, und wir werden zur Sommer- und Wintersonnwende, zur Frühjahrs- und Herbsttagundnachtgleiche, zu Samhain (Allerheiligen), Lughnasad (Mariä Himmelfahrt), zu Imbolc (Lichtmess) und Beltane (Walpurgis) die vieltausendjährige Geschichte unserer Ahnen wiederbeleben und erleben auf eine naturnahe, mystische und märchenhafte Art und Weise.

Unser lineares und stressiges Zeitdenken wird sich dadurch immer mehr auflösen zugunsten eines neuen Gefühls des Eingebundenseins in den Kosmos und die Erde und der inneren Gewissheit der Unsterblichkeit unserer Seele. So wird das Lebensrad des Kreises durch Wiederholungen endlich zur Spirale, dem Sinnbild des Lebens und der Bewegung schlechthin.

Die Vorbereitung auf das Ritual

In der Regel hetzen wir nicht direkt nach der Arbeit, noch in Anzug und Krawatte, zum vereinbarten Ritualplatz, um noch schnell die Zeremonie als *after-work-party* zu absolvieren, bevor wir es uns dann pünktlich um 20 Uhr mit Chips und Bier vor dem Fernseher gemütlich machen. Bei dieser Vorstellung werden wohl alle achtsam und bewusst gestimmten Menschen die Nase rümpfen. Das Ritual soll etwas Besonderes sein, so wie es zum Beispiel ein Theaterbesuch ist, der auch nicht jeden Tag stattfindet. Man freut sich darauf, erwartet etwas Kraftvolles und bereitet sich entsprechend feierlich darauf vor. „Ich bin dann mal weg", heißt die Devise, und dann lassen wir den Alltag bewusst beiseite und denken nicht an die Zeit oder an dringende Termine. Zwar ist es ein Unterschied, ob ich Ritualleiter bin oder Teilnehmer, da ich mir entsprechend mehr Zeit für die Vorbereitung nehmen muss, aber auch wenn ich nur Teilnehmer bin, ist es sehr wichtig, dass ich weiß, warum ich mich diesem Ritual unterziehen möchte und welchen Dienst ich mir, der Erde und dem Universum damit machen möchte. Je besser und gewissenhafter ein Ritual geplant und vorbereitet wird, umso besser wird es gelingen. Dennoch liegt es ganz am Ritualleiter und seiner Vorbildung, wie streng der Rahmen und der Inhalt ausgestaltet sind und welche Bestandteile wichtig sind. Auch wenn es Rituale gibt, die ziemlich frei und ungezwungen ablaufen, so ist ein solches Treffen niemals nur eine Ratschrunde, denn dann würden die Kräfte nur mangelhaft freigesetzt werden, und das wäre schade.

Im Endeffekt muss jeder selbst entscheiden bzw. in sich hineinspüren, wie wichtig ihm strenge Ritualregeln sind und worauf er sich einlassen möchte. Das ist nicht anders als in der Kirche, wo manche Menschen noch heute einen Gottesdienst in lateinischer Sprache lieben, auch wenn sie kein Wort davon verstehen, während andere eine eher zeitgemäße Lockerheit bevorzugen. Ob locker oder streng: Wichtig ist, dass die Intention klar ist, dass die Kräfte zum Wohle der Erde gebündelt werden und dass die Energie ins Feld gesetzt wird, die gewünscht und sinnvoll ist, um etwas zum Wohl aller zu verändern.

Ich kann nur Empfehlungen aussprechen, die mir selbst sinnvoll erscheinen und bei denen ich spüre, dass sie helfen, die Energie zu zentrieren. Das heißt nicht, dass Sie das Ritual nicht ganz anders gestalten

Ritualgegenstände sind lieb gewonnene Werkzeuge, die gehegt werden wollen.

können. Feste Ritualpläne, nach denen sich alle zu richten haben, gibt es nicht. Jeder muss seinen eigenen Weg gehen. Probieren Sie es aus, und Sie werden die Gelegenheiten finden, mit denen Sie in Resonanz stehen, und es wird für Sie stimmig sein.

Zur persönlichen Vorbereitung kann es sinnvoll sein, einige Stunden vor dem Ritual zu fasten oder nur leichte Nahrung zu sich zu nehmen. Verzichten Sie eine Zeit lang vorher auf Gewohntes und eigentlich Überflüssiges, das unseren zivilisierten Alltag bestimmt, wie zum Beispiel Fernsehen, Zeitungen, Klatsch und Tratsch, aber auch auf alle künstlichen Zusätze in der Nahrung oder in Kosmetikprodukten, wie Parfums, Deos, Haargels usw. Schon hier beginnt die Bewusstheit. Soweit es keine Kleidervorschrift gibt, tragen Sie natürliche, bequeme Bekleidung, die sich von der Alltagskleidung abheben darf, denn Sie signalisieren damit auch, dass Sie zu einer besonderen Veranstaltung gehen, die sich von der Alltagsroutine abhebt.

Es ist selbstverständlich, dass Sie in dieser Zeit auf den Genuss von Alkohol und Drogen verzichten, denn die Energie während des Rituals kann Sie an die Grenzen zu anderen Welten, außerhalb des alltäglich Erlebbaren führen. Trinken Sie stattdessen genügend gutes reines Wasser, damit Sie Ihren Körper innerlich durchspülen und reinigen, und machen Sie, wenn Sie möchten, schon im Vorfeld eine kleine Meditation zur Einstimmung auf das Kommende.

Hilfreiche Kräfte beim Ritual

Jede Gelegenheit, auf die man gut vorbereitet ist, braucht ihr spezifisches Handwerkszeug. So wird kein Maurer ohne Maurerkelle oder Wasserwaage unterwegs sein, und er wird genau darauf achten, dass seine persönlichen Utensilien in Ordnung gehalten und sie ihm nicht von irgendjemandem abspenstig gemacht oder verunreinigt werden. Alle Gegenstände sind letztendlich auch nichts anderes als Energie und Schwingung. Auch wenn sie leblos erscheinen: Sie sind es wahrlich nicht. Sie nehmen die Energien ihres Besitzers oder des Vorbesitzers auf und wissen, ob sie achtlos oder liebevoll behandelt werden, und je nachdem werden sie uns gern oder weniger nutzbringend unterstützen.

Ritualgegenstände

Rituale ohne Ritualgegenstände sind ziemlich langweilig. Die Gegenstände helfen uns mit ihrer spezifischen Energie, das Ritual zu unterstützen. Sie sind umso kraftvoller und wirksamer, je mehr Liebe und Handarbeit in ihnen stecken. Die selbst gebaute Schamanentrommel ist in diesem Sinne *mehr wert* als die Kunststofftrommel vom Jahrmarkt. Schalen, Räuchergefäße, Glöckchen, Klangschalen, Ritualstäbe aus Holz oder Verzierungen aus bunten Stoffen, schönen Steinen, Krafttieren: Das ist alles wunderbar, wenn es achtsam behandelt und aufbewahrt wird!

Wir können unsere persönlichen Ritualgegenstände segnen, einweihen und reinigen; und es sollten unsere eigenen sein. Ob sie von anderen Menschen berührt werden dürfen, sollte jeder selbst entscheiden. Auch hier gibt es keine Vorschriften. Wir müssen es aber respektieren, wenn jemand keine Berührung durch andere möchte, weil er dies eventuell als Verunreinigung ansieht.

Beim Ritual werden die Gegenstände auf einem kleinen Altar deponiert, im Kreis oder um das Feuer gelegt. Sie können auch einfach vor den Füßen der Teilnehmer bereitliegen und auf ihren Einsatz warten. Nach jedem Ritual sollten die Werkzeuge mit Räucherwerk oder symbolisch mit Sonnenlicht oder einem Gebet gereinigt werden, damit sie für ihren nächsten Einsatz perfekt vorbereitet sind.

Räucherwerk

Räucherwerk ist in meinen Augen für jedes Ritual unverzichtbar. Sobald die Räucherschale entzündet ist und die ätherischen Stoffe rauchen und duften, ist es für mich das Signal: „Jetzt geht es los." Alle Teilnehmer beobachten diesen besonderen Vorgang in Achtsamkeit und Stille, denn er ist bereits Teil der kommenden Zeremonie.

Als Räucherstoffe können heimische Kräuter wie Beifuß, Salbei, Lavendel, Rainfarn, Wacholder oder Mariengras verwendet werden oder auch Harze, die es bei uns nicht gibt, die aber wunderbar duften und reinigen wie Weihrauch, Myrrhe und Ähnliches. Auch bei den Räucherstoffen sollten wir darauf achten, dass sie aus guter Quelle stammen und nicht etwa unter ausbeuterischen oder menschenverachtenden Bedingungen geerntet wurden. Heimische Kräuter sammeln wir am besten im Lauf des Jahres selbst, machen Kräuterbuschen daraus und benutzen Sie zu den Jahreskreisfesten oder wann immer wir sie brauchen.

Es macht Freude, sich eine schöne Räucherschale aus Ton oder Stein zu besorgen oder selbst zu machen, sie ansprechend zu verzieren und zu hüten wie einen kleinen Schatz. Wir werden sie immer wieder benutzen: um uns selbst zu reinigen oder den Ort des Rituals zum Vorbereiten des Platzes oder um mit dem aufsteigenden Rauch die heilsame Information in den Himmel zu schicken.

Trommeln, Klang, Gesang

Auch Klänge, Gesänge, Rassel- oder Trommelrhythmen sind bei allen Ritualen nicht wegzudenken. Selbst wenn der Kern des Rituals mehr meditative Züge aufweist, können vor allem die Trance erzeugenden Rhythmen von Trommeln die Heilenergien unterstützen, indem sie die Tore zu den Anderswelten und zu den hilfreichen Naturwesen öffnen. Allerdings sollte niemand durch laute Töne gestört werden, das gebietet die Achtsamkeit gegenüber allen Beteiligten, und dazu gehören eben auch die Nachbarn und eventuell Tiere, die sich in der Nähe aufhalten.

Achtsamkeit und Rücksicht gegenüber anderen Wesen gehören zum ersten Gebot in der Ritualarbeit. An Orten der Stille genügen

Trommeln, Klang und Gesang gehören unbedingt dazu.

einige gesummte Töne als angemessene Einstimmung, um das Wortritual zu unterstützen und zu bekräftigen.

Es gibt viele Lieder aus verschiedenen Kulturen, die die Erde verehren. Und meist kennt einer der Teilnehmer ein Lied, das alle gern aufgreifen und mitsingen oder mitsummen können. Hauptsache, es kommt aus dem Herzen und dient dazu, eine harmonische Gemeinschaft auf der Erde zu unterstützen, in der die Liebe die ursprünglich treibende Kraft ist. In den Gesängen, Klängen und Rhythmen erinnern wir uns daran, dass Mutter Erde und ihre Schöpfung mit allen Wesen, die existieren, ein großartiges Geschenk der göttlichen Quelle sind.

Kristallkräfte

Jedes Ritual kann wie ein gutes Schauspiel mit wertvollen und besonderen Requisiten ausgestattet werden, auch wenn der Rahmen stets ähnlich ist und die Darsteller meistens Menschen sind. Alle Ritualgegenstände, Instrumente, Steine, Wurzeln, Pflanzen oder Kristalle sind Informationsträger. Sie bestehen letztlich – wie alles – nur aus Energie und Schwingung, mit deren Hilfe Informationen transportiert werden, ähnlich einem Telefonkabel, auch wenn wir diese nicht sehen können. Informationen beeinflussen uns immer und zu jeder Zeit. Niemand ist frei davon.

Es können Informationen sein, die sich eher manipulierend auf uns auswirken, ohne dass wir dies bemerken, wie beispielsweise die Werbefrequenzen im Fernsehen. Oder es sind für uns förderliche Informationen, wie sie in Form unsichtbarer Schwingungen in Kristallen oder Heilpflanzen vorhanden sind. Diese dienen unserer Gesundheit und – durch das Resonanzgesetz – gleichzeitig auch der Erde und allen ihren Geschöpfen.

Als Besonderheit für dieses Buch habe ich für jedes der acht Jahreskreisfeste starke geometrische Hilfen ausgewählt. Genauer gesagt: Meine lichtvollen Helfer, die bei jedem Buch mitschreiben, haben mir eingeflüstert, was ich tun soll, damit unsere Intention beim Ritual wirkungsvoll unterstützt wird. Wir erinnern uns: Ziel unserer Zusammenkünfte ist es, uns alle in den natürlichen Rhythmus der Mutter Erde und des Kosmos einzuklinken, damit wir ganz, gesund, glücklich und heil werden können, frei von manipulierenden, zerstörerischen Einflüssen der Mächtigen dieser Welt und von der Profitgier, die uns immer kränker macht an Körper, Geist und Seele. Wir wollen die Erde heilen, weil wir wissen, dass nur dann auch wir selbst wieder heil werden können. Wir wollen frei sein und in Liebe, Zuversicht und Mitgefühl miteinander leben können.

Am besten, Sie kopieren die Abbildungen im Stationen-Kapitel (→ Seite 95ff.) – oder laden sie auf www.mankau-verlag.de herunter – und stellen sich (eventuell laminierte) Karten her. So haben Sie die schutzbringenden, reinigenden, transformierenden und heilenden Informationen des Universums und der Erde immer mit dabei. Sie können die Kristallkraft auch benutzen, falls Sie das Ritual allein machen oder den Punkt im Jahreskreis für sich feiern wollen. So sind Sie dennoch immer mit den anderen Menschen und Geschöpfen verbunden, die sich mit dem gleichen Thema beschäftigen, und die Kräfte potenzieren sich. Lesen Sie zu jedem Ritual Ihre ganz persönliche Botschaft und Ihren Auftrag, den Mutter Erde Ihnen übergeben möchte, damit beide – Sie und dieser wundervolle Heimatplanet – heilen können, denn es geht nur gemeinsam. Wir sind verbunden mit allem, was ist.

Der richtige Ort

Ob in einem keltischen Steinkreis wie Stonehenge oder in Ihrem Wohnzimmer: Ob ein Ort geeignet ist, müssen Sie selbst erfühlen. Für Jahreskreisfeste ist natürlich ein schöner Platz unter freiem Himmel zu bevorzugen. Schließlich geht es ja um Himmel und Erde, um die Naturwesen, die Elemente Feuer, Wasser, Luft und Erde und die Verbindung mit ihnen. Auch gehen wir heutzutage viel zu selten bewusst hinaus in die Natur, die in ihrer Ursprünglichkeit immer mehr den Forst- und Wirtschaftswäldern weichen muss. Meiner Erfahrung nach sind die Rituale, die im Freien abgehalten werden, schöner, erfüllender und effektiver. Im Idealfall spielt das Wetter mit, aber für schlechtes Wetter gibt es ja wetterfeste Kleidung. Vielleicht haben Sie schon einen schönen, geschützten Platz für das Ritual vorbereitet, zum Beispiel auf einem Freizeitgrundstück, damit sich die Nachbarn nicht gestört fühlen. Oder Sie kennen eine ruhige Lichtung in einem Waldstück, eine Quelle oder besondere Felsen oder Bäume, die sich für das Treffen gut eignen. Die bekannteren Kraftplätze, die zum Teil in Reiseführern verzeichnet sind, kommen oft nicht infrage, weil hier durch die häufigen Rituale zahlreicher Gruppen mit den verschiedensten Intentionen ein energetisches Durcheinander entstanden ist, das sich nicht immer positiv auf den Ort, die Menschen und die hier lebenden Naturwesen auswirkt. Der geeignete Ort sollte also mit größter Sorgfalt ausgewählt werden. Vielleicht kennen Sie einen Rutengänger, der die Stelle austesten kann, oder Sie verlassen sich einfach auf Ihr Gespür. Auf jeden Fall sollten Sie an dem Ort ungestört sein, und auch die Sicherheit für Dritte muss gewährleistet sein. Dass hinterher Abfälle wieder weggeräumt werden und auch alles andere, was von den Teilnehmern mitgebracht worden ist, ist selbstverständlich.

Für Rituale in geschlossenen Räumen benötigen Sie natürlich genügend Platz, um die Ritualgegenstände auszubreiten und sich bequem in einigem Abstand darum herum zu setzen. Anstatt einer Feuerstelle in der Mitte haben Sie hier wahrscheinlich nur eine oder mehrere Kerzen stehen. Im Raum sollte es keine Störungen geben, also keine elektrischen Geräte, Telefone, Klingeln usw. So wie eine Kirche ein für den Gottesdienst eigens hergerichteter Raum ist, in dem bestimmte Alltagsgegenstände keinen Platz haben, sollten Sie – wenn möglich –

diesen heiligen Raum auch von den Dingen befreien, die mit dem Zweck des Rituals nichts zu tun haben. Wenn der Raum außerhalb des Rituals für normale Wohn- oder Arbeitszwecke benutzt wird, ist es besonders wichtig zu räuchern, bevor die Teilnehmer eintreffen, damit der Ort optimal von unerwünschten, alten Einflüssen gereinigt und für das Treffen vorbereitet ist. Wenn die Teilnehmer eintreffen, bleiben Schuhe, Jacken, Schirme und Handys vor der Tür, damit Sauberkeit und Ruhe für die Dauer des Rituals gewährleistet sind.

Reinigung

So wie Sie sich duschen, schön anziehen, schminken usw., wenn Sie zu einer Einladung gehen, so werden Sie sich auch vorher reinigen und vorbereiten, bevor Sie den Ritualplatz betreten. Auch der Ort selbst sollte gereinigt sein, bevor das Ritual beginnt. Eigentlich gehört dies aber schon zum Ritual dazu. Die Teilnehmer versammeln sich vor Ort und räumen zum Beispiel Äste oder alte Blätter weg, rücken Gegenstände an ihren ursprünglichen Platz, zum Beispiel Steine, die zur Spirale gelegt waren oder zum Kreis, damit alles wieder richtig passt. Jeder Stein und jeder Gegenstand wird schweigend, achtsam und bewusst berührt und in einer Haltung der Ehrerbietung wieder an seinen Platz gelegt. Verunreinigungen werden beseitigt und außerhalb des Platzes abgelegt. Wenn alles aufgeräumt ist, können wir den Platz symbolisch oder tatsächlich mit Kräuterbuschen kehren. Gut eignen sich dafür Büschel aus Beifuß oder Wacholder, die naturgemäß viele reinigende, klärende und schützende Energien enthalten. Anschließend können wir den Platz abräuchern, indem wir ihn mit der Räucherschale in der Hand abschreiten und eventuell mit einer Feder den Rauch in alle Richtungen fächeln, auch zum Himmel und zum Mutterboden. Nachdem der Platz auf diese Weise vorbereitet und gereinigt worden ist, versammeln wir uns wieder im Kreis am Rand des Platzes, immer noch in der Stille und in Gedanken ganz bei sich und Mutter Natur, denn das Ritual hat bereits begonnen. Jetzt kann jeder Teilnehmer einzeln und nacheinander mit Räucherwerk gereinigt werden, sodass alle negative Energie oder Wesenheit verabschiedet wird, die der Mensch eventuell mitgebracht hat und die das Ritual stören könnte. Wir tun dies alles in Ruhe und mit Muße, denn

Hektik und Stress haben wir zur Genüge im Alltag, und hier nehmen wir uns bewusst die Zeit, die wir brauchen, um alles zu tun, was sein soll. Eigentlich befinden wir uns jetzt in einem zeitlosen, unendlichen Raum, außerhalb der alltäglichen Wahrnehmung, an dem nicht alltägliche Veränderungen und grundlegende Transformationen möglich sind.

Einstimmung

Zur Einstimmung gehören bereits das Reinigen und Vorbereiten des Platzes und das energetische Reinigen aller Teilnehmer. Jetzt wird das Feuer in der Mitte des Platzes entzündet oder werden – wenn keine Feuerstelle vorhanden ist – eine oder mehrere Kerzen in der Mitte des Platzes als Zentrum des Lichts aufgestellt. Auch die Feuerkraft ist reinigend und transformierend, und wir entzünden das Feuer mit Dankbarkeit für die Hilfe des Feuergeistes in unseren Herzen. Feuer wärmt uns und verbrennt die alten, hinderlichen Energien und die materiellen Dinge, die uns am Weitergehen hindern. Indem wir das Feuer entzünden, danken wir dem Feuer für seine Hilfe, seine Wärme und seine Transformationskraft. Dies kann der Ritualleiter formulieren, oder jeder Einzelne spricht den Dank auf seine Weise, ganz nach Wunsch der Teilnehmer. Auch dafür nehmen wir uns genügend Zeit. Wenn wir einen Ort haben, der an einer Quelle oder einem Bach liegt, ist es auch sehr passend, rituelle Waschungen durchzuführen, zum Beispiel indem sich jeweils zwei Teilnehmer gegenseitig in Liebe und Achtsamkeit für den anderen die Füße waschen und sich auch etwas Wasser ins Gesicht, auf den Herzbereich oder andere Körperregionen spritzen. Dies geht ganz nach Gefühl, indem wir spüren, wo speziell dieser wunderbare Mensch eine symbolische Wasserreinigung benötigt. Damit sind wir gereinigt und innerlich und äußerlich zum nächsten Ritualschritt bereit.

Begrüßung

Die Begrüßung und Einladung der anwesenden Naturwesen und -kräfte ist absolute Pflicht, denn es ist essenziell, dass wir uns mit den Wesen der Natur verbinden, die hier wahrscheinlich ältere Rechte haben als wir, die wir oft achtlos dahergetrampelt kommen, um irgendetwas zu veranstalten, von dem wir gar nicht wissen, ob es anderen recht ist. Wir wollen das Territorium der unsichtbaren Wesen nicht verletzen, denn wir sind ja gerade zu dem Zweck hier, dass wir der Natur helfen, wieder zu ihrer Freiheit, Unversehrtheit und Schöpferkraft zurückkehren zu können. Denn wir wissen, genau das bringt auch uns eben diese Kräfte wieder. Genau diese Intention unterstützen die acht Kristallkarten. Indem Sie mit diesen Kräften in Verbindung treten, vereinen Sie die Kräfte des Himmels mit den Kräften der Erde über Ihr eigenes Herz. Sie sind das Kind der beiden und ehren damit gewissermaßen Ihre Eltern und die göttlichen Ahnen, die Sie seit jeher auf Ihrem Seelenweg begleiten. Atmen Sie in Ihrer Vorstellung mit *Bitte* und *Danke* die jeweilige Geometrie ein. So entsteht die Verbindung, und die Hilfe ist Ihnen gewiss.

Bitte meint: Wir bitten die anwesenden hilfreichen Kräfte, dass wir hier sein und den Platz nutzen dürfen. Wir bitten um freundliche Aufnahme an diesem Ort und dass sie uns gewogen sind. Wir bitten darum, uns mit ihnen verbinden zu dürfen, und wir bitten sie auch um Verzeihung, falls wir sie lang nicht beachtet und ihre Rechte missachtet haben sollten. Wir bitten um die Rückverbindung und um Vergebung an diesem Ort und zu dieser Zeit für die Trennung von uns, und wir bitten um ihren Segen, so wie auch wir sie segnen.

Danke meint: Wir sagen euch Danke, dass wir hier sein und dieses Ritual abhalten dürfen. Wir hoffen, dass es auch in eurem Sinne ist. Wir danken für die unterstützenden Kräfte der kleinen Wesen des Naturvolkes und für die Unterstützung all dessen, was hier wächst und gedeiht. Wir danken den schöpferischen Kräften des Himmels und seiner Abgesandten, den Engeln, Meistern, Räten, der Sonne, dem Mond, den Planetenkräften, den vier Elementen und den kosmischen Gesetzen für ihre kraftvolle Unterstützung. Wir danken den Kräften der Mutter Erde für ihre Liebe und selbstlose Aufnahme, obwohl oder gerade, weil wir ihr so viel antun, was der göttlichen Ordnung widerspricht. Wir danken den unsichtbaren Erdbewohnern, den Elfen, den Faunen in den Bäumen, den Quell- und Wassernymphen, den Kobolden, Zwergen, Hexen und Merlinen und allen anderen, die wir nicht kennen, für ihre freundliche Aufnahme und Unterstützung an diesem Tag.

Ritualarbeit verbindet uns mit dem Licht und der Liebe des Universums und der Erde.

Anrufung und Ehrung der vier Elemente

Nach der Bitte um Unterstützung an die Naturwesen und unserem Dank dafür, drehen wir uns nacheinander in die vier Himmelsrichtungen Norden, Osten, Süden und Westen. Denn so wie sich das Jahresrad immer wieder im Kreis dreht und letztlich die ganze Schöpfung zur Spirale wird, so drehen wir uns an jedem Punkt im Jahr im Rad der Elemente Erde, Luft, Feuer und Wasser. Diese Hinwendung in Dankbarkeit können wir zum Beispiel mit Trommeln oder Rasseln begleiten.

- Wir wenden uns zunächst dem Norden zu, erheben unsere Hände in seine Richtung und begrüßen die Kräfte, die wir als Ideen und Inspirationen empfangen.
- Wir bewegen uns weiter Richtung Osten und ehren das Feuer der Kreativität, das durch das Luftelement angefacht wird.
- Wir drehen uns zum Süden und begrüßen und segnen das Feuerelement und die Kräfte unserer Sehnsucht, die uns im Leben vorantreiben und schöpferisch werden lassen.
- Wir drehen uns mit geöffneten Händen zum Westen und danken dafür, dass seine Kräfte uns helfen, unsere Ideen und Inspirationen auch zur Manifestation bringen zu können.

Die Elemente sind in den Kristallkarten verankert, gesegnet und aktiviert in Form der Symbole der platonischen Körper *Oktaeder* (Luft), *Tetraeder* (Feuer), *Ikosaeder* (Wasser) und *Dodekaeder* (Äther, Schöpferbewusstsein). In den Abbildungen fehlt das Element der Erde, der Würfel, nicht aber in seiner Wirkung, denn das Erdelement verbinden und aktivieren wir, indem wir die Erdheilungsrituale durchführen. Der Dodekaeder vertritt gleichzeitig das Element des Himmels.

Nachdem wir alle vier Himmelsrichtungen mit erhobenen Händen begrüßt und geehrt haben, richten wir die Hände nach oben zum Himmel und danken dem göttlichen Vaterprinzip für unser Sein. Danach halten wir die geöffneten Handflächen nach unten zum Boden und danken dem universellen Mutterprinzip für unser Leben in seiner materiellen körperlichen und seelischen Ausformung.

Die vier Elemente

Erde

Wir sind alle Erdenkinder und betrachten die Erde als unsere große Mutter. Die Erde gebiert uns wie unsere leibliche Mutter, sie nährt uns mit ihren verschwenderischen Gaben und nimmt uns am Ende wieder in ihren Schoß zurück. Alles, was gestorben ist, wird von der Erde kompostiert und wieder der Nahrungskette zugeführt, sodass neues Leben daraus wachsen kann. Das Erdelement symbolisiert wie kein anderes den großen Kreislauf von Leben, Wachsen, Reifen und Vergehen, wie es sich auch in den Jahreskreisfesten abbildet.

Der Erde ist alles Materielle zugeordnet: unsere Körper und der Körper aller Lebewesen im weitesten Sinn, also auch die scheinbar unbelebte Materie wie Steine, Bäume und alles, was wir herstellen und materiell verwirklichen, wie beispielsweise unsere Wohnstätten, Werkzeuge und Produkte. Wir wissen aber inzwischen, und dies ist von der Quantenphysik bestätigt, dass dies nur eine Illusion ist und alles scheinbar Leblose ebenfalls Energie und Schwingung ist. Alles, was mit Körperlichkeit und Gesundheit zu tun hat, aber auch mit Arbeit, Geld, Sicherheit, Familie und Heim, wird dem Erdelement zugeordnet. Wie bei allen Elementen sind auch hier die Ausprägungen sowohl im positiven wie auch im negativen Sinne wirksam – schließlich leben wir in einer Welt der Polarität, der keiner entkommt. So können einseitig erdverhaftete Menschen aus der Harmonie des Gebens und Nehmens herausfallen und in die blockierende Energie des Festhaltenwollens hineingeraten, eine Krankheit, die in unserer Gesellschaft weitverbreitet ist und sich in Symptomen wie Raffgier, Geiz, Trägheit, Ordnungszwang oder Engstirnigkeit ausdrückt. Alles, was wir nicht loslassen können, führt aber zu Vergiftung und Verstopfung und blockiert Neues. Die Erde gibt uns zwar Sicherheit, weil wir in ihr Wurzeln schlagen können und auch sollen, wenn wir aber zu starr werden, kommen die Elemente Luft und Wasser ins Spiel und reißen die vertrockneten Gehölze einfach aus der Erde, damit wieder Neues entstehen kann. Also sollten wir flexibel sein und nicht zu stark in materieller Versuchung verhaftet bleiben.

Dies gilt auch für gedanklich-emotionale Verhaftungen, die wir vielleicht nicht loslassen können und die sich immer wieder in Erinnerung bringen. Hier sind wir aufgefordert, das Potenzial, das uns unsere Ahnen mit auf den Weg gegeben haben, zu ehren, letztlich aber darüber hinaus zu wachsen. Rufen wir also den Norden um Hilfe und Befreiung von alten Lasten und die alte weise Greisin an, auf dass sie uns mit ihren winterlichen Kräften durch die Zeit der Starre führt, sodass wir wieder biegsam werden und die Fülle und Fruchtbarkeit in uns weiterleben kann.

Feuer

Das Feuerelement ist die Kraft des Südens und wird durch die Sonne bestimmt, von deren Wärme und Licht alles Leben auf der Erde abhängt. Im Jahreskreis entspricht das Feuer der Mitte des Jahres, dem Sommer mit seiner Reifezeit. Es bringt die reifen Früchte hervor wie die Frau, die zur Mutter geworden ist und ihre Kinder geboren hat. In dieser *Hoch-Zeit* des Lebens, in seiner Mitte, sind wir aktiv und mit Nähren und Erwärmen beschäftigt und voller Energie und Leidenschaft für das Leben schlechthin. Das Feuerelement repräsentiert die sich stets erneuernde Schöpfungskraft, die wir zum Leben brauchen wie das ATP, das in den Zellen als Kraftstoff produziert wird. Wärme und Licht sind ebenso lebensnotwendig für die Physis wie für die Seele und unser emotionales Wohlbefinden. Feuer ist die pure Energie, die sich auch und vor allem in der Sexualität ausdrückt, dem Motor für das Fortbestehen der menschlichen Population. Die Kraft der *Kundalini*, die vom Steißbein nach oben mit Lust und Freude aufsteigt, ist das Symbol für diesen Antriebsmotor im Menschen.

Im Ritual brauchen wir das Feuer, um Altes zu verbrennen, damit es transformiert wird zu Höherem, um letztendlich aus der fruchtbaren Asche Besseres für uns entstehen zu lassen und uns damit zu helfen, die nächste Entwicklungsstufe zu erreichen. Feuer sind alle Temperamente und Impulse, die mit Energie, Kraft, Stärke, Mut, Aktion, Willen und Durchsetzungsvermögen zu tun haben. Feuer ist niemals zögerlich, wir brauchen es, damit die Dinge auch wirklich passieren und nicht nur reine Ideen oder Pläne bleiben, denn daraus würde keine Schöpfung geschehen. Das Feuer des Himmelsgottes befruchtet die Mutter Erde, die sich ihm hingibt. Wären beide in passiver Haltung, würde die Schöpfungsgeschichte nicht weitergehen. Wenn wir die Feuerenergie in uns unterdrücken, so wird sie sich dennoch irgendwann plötzlich entladen in Form von Wut, Aggression, Rachsucht, emotionaler Raserei, Kriegslust oder irgendeiner anderen Form von Gewalt. So zeigt uns auch das Feuerelement beide Seiten: das sinnliche, wärmende und heilende Prinzip ebenso wie das verzehrende, austrocknende, zerstörerische. Mit ihren Vulkanausbrüchen wehrt sich die Mutter Erde, wenn es ihr zu viel wird, und auch diese Seite müssen wir aushalten. Die Mutter ist eben nicht immer nur lieb, sie kann auch zornig werden. Im Ritual ist das Feuer als gezähmte und doch leidenschaftliche Kraft unverzichtbar, um unsere Aktionen kraftvoll in die Realität umzusetzen, damit wir uns auf energische, jedoch nicht aggressive Art zur Wehr setzen können gegen Bevormundung, Unfreiheit und Manipulation.

Wasser

Obwohl wir uns selbst eher als Wesen aus *festen* Bestandteilen wie Knochen, Organen, Muskeln usw. wahrnehmen, sind wir eigentlich Geschöpfe des Wassers. Tatsächlich besteht ein Neugeborenes zu 90 Prozent und wir Erwachsenen immerhin noch zu über 70 Prozent aus Wasser! Auch unsere Gefühlswelt wird dem Element Wasser zugeordnet. Wenn wir traurig sind oder – alles ist Polarität! – sehr von Freude berührt, weinen wir salzige Tränen, die uns an die Ozeane erinnern, aus denen wir vielleicht einst wie unsere Brüder und Schwestern, die Wale und Delphine, hervorgegangen sind. Ungeweinte Tränen blockieren den Körper und können zu seelischen und physischen Erkrankungen führen. Wenn wir weinen, lassen wir immer ein Stück dessen los, was ausgeschwemmt werden will, damit wir wieder frei durchatmen können, denn sonst werden wir *aufgeschwemmt* und unbeweglich, schwimmen also nicht mehr mit dem Strom des Lebens mit. Der größte Teil der Erde ist mit Wasser bedeckt, und vor nicht allzu langer Zeit war ein noch größerer Teil der Erde mit Ozeanen überflutet. Reines Wasser ist für unser Überleben existenziell. Nur sehr kurze Zeit kommen wir ohne zu trinken aus, da auch die Zellen für den Stoffwechsel, für alles Hinaustransportieren von Giften und Hineintransportieren von Nährstoffen Wasser benötigen. Dehydriert der Mensch, sinkt also der Wassergehalt im Körper unter 50 Prozent, stirbt der Mensch. Die Erde nimmt dann den Körper wieder in ihren Leib zurück, bevor die Kette der Geburten – im Fruchtwasser – erneut beginnt.

Aber auch das Wasser selbst ist in Gefahr. Es ist nicht mehr sauber, nicht mehr lebendig, nicht mehr so gesund wie es eigentlich sein sollte. Wir wissen das alles. Wenn wir Rituale durchführen, nutzen wir die reinigende und lindernde Kraft des Wasserelementes, um uns Gutes zu tun und uns zu erfrischen.

Wir sollten aber auch immer etwas für das Wasser tun, denn es braucht dringend unsere Hilfe. Dazu kann man eine Quelle besuchen, einen Bach, einen Fluss oder das Meer. Mit unseren segnenden, betenden Gedanken können wir das Wasser erfrischen, reinigen und beleben. *Masaru Emoto*, der große japanische Wasserforscher, hat mit seinen Fotografien von Wasserkristallen eindrucksvoll gezeigt, welch wunderschöne Kristallmuster unsere positiven Gedanken aus dem dreckigsten Wasser machen können. Selbst das stark verunreinigte Wasser des Ganges bildete schöne Kristalle aus, weil hier so viel gebetet wird. Unser Zell- und Körperwasser nimmt all unsere Gefühle und Gedanken als Informationen auf und speichert sie, ob negativ oder positiv. Es nimmt unsere starken Transformationsenergien, die wir während des Rituals freisetzen, in den Körper auf, sodass wir direkt davon profitieren, wenn wir einen Beitrag zur Heilung der Erde leisten.

Seine Entsprechung im Jahreskreis findet das Wasser im Herbst und in allen Übergangsphasen, beispielsweise in den Wechseljahren der Frau. Mit der Ernte im Herbst würdigen wir die Kraft der Übergänge, die wir im Alltag nicht beachten. Das Wasser verbindet uns mit unseren Gefühlen und über das Mitgefühl mit anderen Menschen und allen Lebewesen. Der Kreislauf des Wassers ist wunderschön, weil es den Kreislauf des Lebens wie kein anderes Element abbildet: Regen fällt auf die Erde, wird zu Rinnsalen, zu Bächen und Strömen, fließt am Ende ins Meer und steigt als Dunst und Nebel wieder auf, um neue Tropfen zu bilden, fällt als Regen erneut auf die Erde und lässt Fruchtbarkeit entstehen.

Luft

Wir brauchen Luft zum Atmen. Ohne Sauerstoff ist kein Leben auf der Erde möglich. Am Anfang der Schöpfung und am Anfang unseres Lebens wird uns der göttliche Atem eingehaucht, unsere Lungen füllen sich beim ersten Atemzug und werden dadurch funktionsfähig. Jetzt entsteht die Verbindung zu Gott, und das Leben kann beginnen. Luft ist überall um uns herum, auch wenn sie heutzutage nicht mehr allzu sauber ist. Das Luftelement steht für die Leichtigkeit des Seins, die Weite und die Freiheit. Der Götterbote *Merkur* gehört zum Luftelement. Er hat den Auftrag, die Verbindung untereinander und mit der göttlichen Quelle zu erhalten und zu verbessern. Das geschieht durch die Qualität der Kommunikation, über die Sprache ebenso wie über alle anderen Formen des Kontaktes. Wenn wir zum Beispiel den Kontakt zu unseren Ahnen oder Verwandten abgebrochen haben und uns zurückziehen, dann leidet das Luftelement in uns, und die Schwere nimmt zu.

Die Gedanken sind so frei wie das Element Luft. Aber sie bewirken etwas auf der materiellen Ebene, das heißt: Es ist nicht egal, was wir denken, denn es wird sich im *echten* Leben manifestieren. Ideen, Pläne und Visionen sind Geschenke der Luft, die unter dem Einfluss der Erde Wirklichkeit werden wollen. Wenn wir uns am Anfang eines Rituals räuchern, dann bitten wir das Element Luft, uns mit allem zu verbinden, was göttlich ist, und die Schwere des Lebens in die Lüfte zu tragen. Auf der Erde kann sich das Luftelement zärtlich zeigen, zum Beispiel in einer lauen Brise oder im kühlenden Lufthauch, der uns im Sommer angenehm ist, aber auch mit seiner anderen Seite in Form von Stürmen und sogar schweren Orkanen, deren Ausmaße wir nachfühlen können, wenn uns Nachrichten von schweren Zerstörungen durch Wirbelstürme erreichen.

Das Element Luft rufen wir an, wenn unsere Gedanken zu schwer werden und wir frischen Wind im Kopf brauchen, damit wir gute Ideen haben, mehr oder weniger verrückte Pläne machen, auf innere und äußere Entdeckungsreise gehen oder Inspiration suchen, die das Leben lebendig macht. Und was nicht mehr passt, das lassen wir wieder los – vom Winde verwehen. Im Ritual trägt das Luftelement unsere gebündelten Energien und die Wünsche und den Segen fort zum Ziel, damit die Heilung von Himmel, Erde und ihren Geschöpfen Wirklichkeit werden kann.

Luftige unsichtbare Geister, Engel und Feen, die Vögel in den Lüften, Klänge und Gesänge, Federn, Düfte, Räucherwerk, das vom Wind fortgetragen wird … dies alles trägt unsere Energien in die Lüfte und in den Himmel hinein, auf dass es die Anderswelten erreichen möge. Denn auch das ist Wirklichkeit, selbst wenn wir es nicht sehen können. Verbinden wir uns also mit dem Atem der Welten und heben wir ab in das Reich der Fantasie, der Ideen, der Träume und sprühenden Freude. *Luft, ich tanze mit dir im Wind des Lebens. Ich bin frei!*

Der Kern des Rituals

Das eigentliche Zentrum unserer Ritualarbeit ist unsere Intention, das heißt wir müssen wissen, was wir eigentlich tun und wozu wir es tun wollen. Darüber sollte bereits vor dem Ritual Klarheit herrschen. Dennoch gibt es Menschen, denen es einfach um das Ritual an sich geht, weil sie sich in dem vorgegebenen Rahmen aufgehoben fühlen. Bei jedem Ritual sollte es einen Ritualleiter geben (manchmal auch mehrere, die zum Beispiel verschiedene Abschnitte innerhalb des Rituals leiten), der auf jeden Fall wissen muss, worum es geht. In diesem Buch zeige ich Ihnen anhand eines Beispiels, worum es mir geht, allerdings in dem Wissen, dass mein Anliegen mit demjenigen Tausender Menschen weltweit identisch ist:

- Wir wollen uns mit der Natur verbinden, weil wir wissen, dass wir ein Teil von ihr sind und nur zusammen überleben können.
- Wir wollen der Manipulation im feinstofflichen Feld des Kosmos und der Erde etwas Wirksames entgegensetzen, ohne in den Krieg ziehen zu müssen.
- Wir wollen, dass die Ausbeutung der Erde und aller ihrer Geschöpfe beendet wird.
- Wir wollen in Frieden, Freiheit, Gesundheit und Schönheit leben können.
- Wir wollen jetzt Kraft unseres Bewusstseins und mit göttlicher Hilfe aktiv werden für unser Anliegen.
- Wir wollen dies in Zusammenarbeit mit allen sichtbaren und unsichtbaren lichtvollen Wesen tun,
- im Einklang mit den kosmischen Gesetzmäßigkeiten des Lebens und den Rhythmen der Natur.

Zentrierung

Wir sind jetzt gut vorbereitet: Der Platz ist fertig, und die Reinigung bereits durchgeführt, das Feuer brennt, die Elemente wurden begrüßt und das anwesende Naturvolk um seinen Segen gebeten für das, was jetzt kommt. Das unsichtbare Volk, der Himmel und die Erde und unser inneres Herz wissen es sowieso, nur unser denkender Verstand hinkt etwas hinterher.

Abstand vom Alltag, Achtsamkeit und Zentrierung sind wichtig vor jedem Ritual.

Alle sichtbaren und unsichtbaren Beteiligten freuen sich, dass wir tun, was wir jetzt tun. Folgender Ritualablauf ist ein Vorschlag, der aber je nach Lust und Wissen verändert werden kann. Das hängt ganz vom Repertoire des Ritualleiters ab bzw. von den Beiträgen der Teilnehmer. Wir stehen still und mit geschlossenen Augen im Kreis, vielleicht begleitet von Trommelrhythmen, Rasseln oder leisen Tönen. Wir sind ganz bei uns und lassen Gedanken an den Alltag, an die Vergangenheit und Zukunft draußen. Wir spüren den Takt unseres Herzens und wie es uns jetzt, in diesem Augenblick geht. Wir spüren, dass wir gut mit den Füßen auf der Erde stehen und von ihr getragen werden. Wir spüren, dass wir wie über einen silbernen Faden, der aus unserem Scheitelchakra heraustritt, mit Vater Himmel und den unendlichen Weiten über uns verbunden sind.

Jeder Einzelne spürt seine große Kraft, die er hierher mitgebracht hat, um sich selbst und die Erde zu heilen. Wir wissen, dass es so ist und dass wir es tun werden. Jeder hat die Kristallkarte, diese von der göttlichen Quelle bereitgestellte, lichtvolle und transformierende Energie, vor sich hingelegt oder trägt sie irgendwo am Körper bei sich. Sie wird uns jetzt bestmöglich bei unserem Tun unterstützen.

Es ist gut, für einige Zeit in dieser zentrierten meditativen Haltung zu verweilen. So geschieht die Verschmelzung mit Mutter Erde und Vater Himmel von alleine.

Kräfte bündeln

Wir verbinden und vernetzen uns mit diesen wunderbaren Menschen, die mit uns beim Ritual anwesend sind. Wir werden gewahr, dass wir im Kreis in der Gruppe stehen und dass wir in diesem Augenblick unsere göttlichen Schöpferkräfte bündeln und potenzieren. Wir lassen unser Herz im gleichen Takt schlagen wie das des Nachbarn, der rechts neben uns im Kreis steht. Wir synchronisieren den Rhythmus unseres Herzens mit dem Nachbarn, der seinerseits seinen Herzenstakt mit dem rechts von ihm stehenden Teilnehmer synchronisiert usw.

Wir fühlen, dass wir durch diesen Gleichklang immer enger mit uns selbst und mit allen Menschen in diesem Kreis verbunden werden. Wir lassen die Energie fließen und zirkulieren, lassen unser Ego und unser isoliertes Denken los und fühlen, wie wir mit allem untrennbar verbunden sind.

Nach einiger Zeit dieses schweigenden Geschehenlassens richten wir unsere Aufmerksamkeit auf das glühende Feuerherz im Zentrum der Mutter Erde. Wir spüren ihren Takt und synchronisieren ihren Rhythmus mit dem Rhythmus unserer Herzen. Wir sind jetzt ein Herz: Mutter und Kind. Wir richten unsere Aufmerksamkeit auf das Zentrum der Galaxie, die große Zentralsonne, den Vater. Wir fühlen den Pulsschlag seines Herzens, und wir fühlen, wie unser eigener Herzschlag immer mehr diesem Puls gleicht: tok, tok, tok, tok …

Jetzt schlagen alle unsere Herzen im gleichen Rhythmus wie das Herz des großen galaktischen Vaters. Wir sind jetzt ein Herz: Vater und Kind. Wir spüren in unserem Körper den reinen, heilen Puls der Schöpfung. Wir fühlen, wie wir in unserem Herzen verbunden sind mit dem Herzen des Vaters und dem Herzen der Mutter. Wir fühlen, dass wir geschützt, geliebt und genährt sind, weil unser Herz im Rhythmus Vater-Mutter-Kind schlägt. Wir fühlen, wie in unserem Herzen die große Liebe des kosmischen Vaters zur Mutter Erde zusammenfließt und wie unendlich groß diese Liebe ist. Und ich fühle in meinem Herzen, wie unendlich groß diese Liebe zu mir ist, dem Kind der beiden Liebenden. So groß ist diese Liebe zu mir, so unendlich groß und überfließend, dass es mich im Tiefsten, im Innersten meines Herzens berührt. Wir sind bereit.

Die Worte

Wir sprechen bzw. hören die magischen Worte, die die Tore öffnen werden und die alle Erdwesen und hilfreichen Kräfte einladen, uns mit ihrem Licht und ihrer Liebe zu unterstützen:

Ich verbinde mich.
Ich bin bereit.
Es wird aufgetan.

Kurz nachspüren und dann langsam jede Zeile
des folgenden Erdgebetes sprechen:

Mutter unser
die du bist im Herzen
geheiligt werde dein Name
unser einig Reich komme
dein Wille geschehe
wie im Himmel
so auf Erden
deine reichen Früchte schenke uns heute
und die Achtsamkeit, sie zu ehren
und vergib uns unsere Schuld
wie auch wir vergeben unseren Mitgeschöpfen
und vor allem uns selbst
du führst uns nie in Versuchung
sondern erlöst uns in deinen Armen
denn dein ist die Schöpfung
und die Kraft und die Herrlichkeit
In Ewigkeit.
Danke.

Wir lassen die Wirkung der magischen Worte noch eine Weile in unserem Körper und unserer Seele nachklingen. Danach ist es schön, noch eine Zeit lang zu singen, zu tönen oder zu trommeln, wobei wir gleichzeitig verbunden, aber auch ganz bei uns sind. Die Schwingung der Worte wird automatisch in unserem Herzen verankert.

Transformation

Wir ziehen mit dem göttlichen Atem und mit den Schlüsselworten *Bitte* und *Danke* die Schöpferenergie der Kristallkraft, die zu diesem Fest gehört, in unseren stofflichen und ätherischen Körper hinein, sodass wir optimal ausgestattet sind mit den lichtvollen Kräften, die an diesem Punkt im Jahreskreis unsere Aufgabe und unser Tun unterstützen und die dafür sorgen werden, dass unsere Intention tausendfach potenziert ins morphogenetische Feld hinein gespeichert wird. Wir lauschen der Meditation oder der Reise, die jetzt vorgetragen wird, und spüren die Energien der Heilung und Transformation, die darin liegen.

Mit den Mantren, die in jeder Meditation das Feld der Heilung verstärken, gehen wir eine kraftvolle Verbindung mit allen Gleichgesinnten dieser Welt ein und mit den Kräften, die wissen, wann, wie und wo das heile Feld noch stärker aufgebaut werden muss. Wir wissen, dass jetzt Transformation, das heißt grundlegende Wandlung und Loslassen von allem Ballast stattfindet – an Körper, Seele und Geist von jedem Einzelnen von uns, und am Körper, der Seele und dem Geist der Mutter Erde und des Vaters Himmel. Wir lassen dies jetzt geschehen, und wir spüren, wie es geschieht.

Heilung

Mit unseren Hellsinnen – wie Hellsehen, Hellfühlen, Hellriechen, Hellhören oder einfach mit unserem Herzenswissen – verfolgen wir, wie jetzt das *Lichtnetz Erde*, das heile, ursprüngliche Feld der Schöpfung, wieder aufgebaut und gestärkt wird.

Wir fühlen, wie unsere Erdenmutter geheilt wird und die Schwingung der Erde erhöht, um sich von den Auswirkungen negativer Gedanken, Gefühle und Taten zu befreien. Wir sehen, wie die Narben weicher werden, die entstanden sind als Folgen der Energien von Egoismus, Kriegen, Profitgier, Neid, Zorn, Angst und Machthunger. Wir sehen, wie die Aura der Erde mit Licht angereichert wird und wie jedes Lebewesen für sich die Verantwortung übernimmt und die Grenzen des anderen wahrt. Wir fühlen, dass jetzt auch die Heilung all dieser Themen in unserem Zellgedächtnis stattfindet und dass

Alle Elemente von Himmel und Erde haben heilende Kräfte.

Vergebung geschieht. Jede Zelle und jedes Atom unseres Körpers wird durchdrungen von Licht, und alles Negative und Belastende, das wir in unserem Körper mit uns tragen, wird sanft aufgelöst und in Licht umgewandelt. Wir nehmen wahr, wie auch unsere Aura immer heller und leuchtender wird und weit hinaus strahlt in die Umgebung. Wir beobachten, wie die Naturgeister und Engel uns parallel dazu helfend und heilend unterstützen.

So wie die Quantenphysik sagt: „Der Beobachter erzeugt die Realität" (nicht der *Macher*), lassen wir diesen Prozess einfach ablaufen und beobachten, wie sich das Licht weiter ausbreitet, ohne etwas zu forcieren. Frieden und Heilung werden sich kraft Ihres Bewusstseins jetzt weiter verbreiten und sich mit den bereits vorhandenen Lichtfeldern aller spirituell engagierten Menschen verbinden. Wir drängen niemandem etwas auf, und wir haben auch kein missionarisches Sendungsbewusstsein. Wir wissen, dass wir hier ein energetisches Angebot machen und ein Reservoir an Lichtfeldern zur Verfügung stellen, auf das jeder zugreifen kann, der damit in Resonanz ist. Jeder kann, keiner muss ...

Bleiben wir eine Weile in dieser Vorstellung und Schwingung und lassen wir einfach geschehen, was geschehen soll. Jeder Teilnehmer am Ritual wird diesen Vorgang anders empfinden, und jeder trägt nun seinen wichtigen Teil bei.

Speicherung in das morphogenetische Feld

Jede Form von bewusster Lichtarbeit, jedes Gebet und jede Heilungszeremonie verankert sich unweigerlich im sogenannten *morphogenetischen Feld*, dem Speicher unseres Weltengedächtnisses. Dieses enthält alles, was jemals gedacht und getan wurde, und ist der große Resonanzbehälter, auf den jeder zugreift, sobald er ähnliche Gedanken hat. Das Weltengedächtnis ist voll von Gedanken und Taten der Manipulation und der Gewalt weltweit, und je mehr diese zunehmen, desto mehr füllt sich dieses Feld der Schatten. Deshalb ist es für viele leichter, Raum zu schaffen für eigene negative Gedanken und Gefühle. Jeder weiß, dass Jammern oft leichter fällt, als in der Schwingung der Liebe und Zuversicht zu bleiben. Wir müssen wissen, dass wir in einem Leben der Polarität niemals den Schattenanteil auflösen können und dass dieses Ansinnen sinnlos wäre. Denn auf diese Weise würden wir in das Feld des Kampfes eintreten, ein Feld, das wir gern auflösen, das jedoch nur stärker genährt werden würde. Aber: Das große Geheimnis des Lichtes ist es, dass es die Tendenz hat, sich letztlich gegen den Schatten durchzusetzen. Im hellsten Licht können wir einen kleinen Schattenanteil gar nicht wahrnehmen, aber sobald wir in einem riesigen dunklen Raum ein kleines Streichholz anzünden, vertreibt das Licht die Dunkelheit, und wir sehen. So entsteht durch die weltweite Lichtvernetzung immer mehr Frieden und Heilung für die Welt, und dieses Licht wird stetig wachsen, je mehr Menschen sich aus dem Herzen heraus daran beteiligen. Deshalb werden wir diese lichtvolle Aufgabe weiter fortführen, denn Hoffnung ist Licht, und Licht gibt Hoffnung. Alles Lichtvolle, das wir aussenden, wird zu uns zurückkehren; und auch das Licht und die Liebe, die wir für Vater Himmel und Mutter Erde verankern, wird unsere persönliche Heilung voranbringen.

So stellen wir uns am Ende des Heilungsteiles im Ritual vor, wie das erstarkte Licht im großen Bewusstseinsfeld des Universums und der Erde als Teil des Universums seinen Raum einnimmt, und wir belassen es dort im Vertrauen, dass es stabiler und größer wird, je öfter wir uns treffen oder auch allein diese Arbeit tun. Die lichtvollen Helfer des Universums werden es hüten, bis wir uns im Ritual oder einfach durch unser Denken und Beobachten wieder einklinken, seine Risse flicken und seinen Speicher auffüllen.
So sei es, und so ist es.

Im Freien zelebrierte Rituale haben besondere Kraft.

Abschluss des Rituals

Nachdem wir den Hauptteil des Rituales abgeschlossen haben und unsere Unternehmung (hoffentlich) gelungen ist, nehmen wir uns Zeit, das Ritual gebührend und achtsam abzuschließen.

Dank an die Beteiligten aller Welten

Wir danken allen geistigen Helfern und den Wesen der Anderswelten für die Unterstützung. Wir danken Vater Himmel und Mutter Erde für das Vertrauen in uns und für ihren Segen, den sie uns mit auf künftige Wege geben. Wir danken dem Ort, an dem wir die rituelle Handlung durchführen durften, den Pflanzen und allem, was dazugehört. Wir danken allen Menschen, die sich hier zusammengefunden haben, für ihr Engagement, und wir danken uns selbst, dass wir bereit sind, unsere Herzen für die Heilung von allem, was ist, zu öffnen und dafür, dass wir auch die damit verbundenen emotionalen Schmerzen, die eventuell entstehen, annehmen können, um auch sie zu heilen und zu transformieren. Wir danken, dass wir an diesem wundervollen Leben und an diesem Schöpfungsprozess teilhaben dürfen mit unserem Körper, unserer Seele und unserem Geist. Wir danken den Elementen Erde, Feuer, Wasser und Luft für ihr Wohlwollen und ihre Leben spendende Kraft.

Wir können zum Abschluss noch trommeln oder zur Bestärkung des Dankes rasseln oder singen. Das Ritual ist hiermit beendet.

Ich lege die Hand auf mein Herz und fühle, dass **ich bin**.

Möge ich mit euch verbunden sein, und mögen Gott und Göttin mit mir und allen sein.

Die Ordnung wieder herstellen

Nach jedem Ritual stellen wir die Ordnung des Platzes wieder her, löschen in Dankbarkeit und mit Segen das Feuer, räumen die Ritualgegenstände auf oder stellen sie an ihren Platz zurück und bringen alles, was für das Ritual notwendig war, an seinen Ort, der dafür vorgesehen ist. Der wieder in seine ursprüngliche Reinheit gebrachte Platz wird mit einer streichenden kreisförmigen Handbewegung geschlossen, damit ungebetene Besucher aus den Anderswelten draußen bleiben, bis wir uns wieder treffen. Wir lösen den Kreis der Teilnehmer auf, verlassen den inneren Platz und können uns außerhalb des Kreises umarmen und unterhalten oder austauschen, wenn wir das wollen.

Feiern

Wer noch Lust und Zeit hat, kann gern noch ein Weilchen bleiben, denn es gibt vielleicht noch Gebäck oder Früchte oder was – je nach Anlass – mitgebracht wurde an Schätzen der Natur. Wir verzehren alles in Achtsamkeit und mit Freude für die Fülle des Lebens. Wir freuen uns über uns selbst und über unsere Mitmenschen. Lachen ist gesund und gut, auch wenn wir es im Ritual ausgespart hatten, damit der Energiefluss der Zentrierung und Bündelung nicht unterbrochen wurde. So wollen wir nun nach Lust und Laune gebührend feiern. Denn das Leben ist eine Feier.

Die Kristallkarten bündeln die Energie des Universums und helfen bei der kollektiven und individuellen Heilung.

Heilende Geometrien

Durch den bewussten Gebrauch von Symbolen kann unsere Lichtdatenbank aktiviert werden, so wie wir uns das wünschen. Auf der Suche nach einer Möglichkeit, wie unsere Anliegen – nämlich durch das Ritual – sehr starke Kräfte generieren und freisetzen können, die dazu noch nachhaltig im morphogenetischen Feld gespeichert werden, haben mich meine geistigen Helfer auf eine geniale Idee gebracht: die Entwicklung der kosmischen Kristallkraft. Sie finden sie als farbige Geometrie bei jedem Jahreskreisfest abgebildet. Sie können davon Farbkopien machen oder die Kristallkarten auf der Buchseite unter www.mankau-verlag.de herunterladen, dann für den Privatgebrauch laminieren und zu jedem Ritual mitnehmen. Damit verstärken, ja potenzieren Sie die Heilkraft zur Harmonisierung der Erde und des Universums genauso wie für Ihren Körper, Ihren Geist und Ihre Seele.

Ob allein oder in der Gruppe, die Kristallkraft kann als schützende, verstärkende und transformierende Energie immer mit dabei sein. Sie können sie aber auch schon vor dem Ritual mit *Bitte* und *Danke* in Ihren Körper hineinziehen. Dadurch sind Sie dann bestens ausgerüstet. *Bitte* und *Danke* sind die Kurzformeln für *Verbinde mich – ich bin bereit – es wird geöffnet*. Und diese Worte sind wiederum Formeln, die notwendig und hilfreich sind, um die Vernetzung mit den lichten Kräften herzustellen, diese Verbindung stabil zu halten, unsere Bereitschaft, die Heilung geschehen zu lassen und anzunehmen und nicht zurückzuweichen, wenn die neuen Räume wirklich für uns geöffnet werden. Zur Unterstützung können Sie Ihre beiden Hände auf die Karte der kosmischen Kristallkraft legen. Oder Sie schauen die Abbildung einfach nur an in dem Wissen, dass die damit transportierten Informationen jetzt für Sie aktiviert werden. Viele Menschen werden diese immensen Kräfte auch spüren können.

Am Ende der Meditationen zu jedem Jahreskreisfest werden Ihnen Ihre geistigen Begleiter eine Zahl zwischen eins und acht eingeben. Zu dieser Zahl können Sie im Anschluss an das Ritual oder in Ruhe zu Hause Ihre persönliche Botschaft nachlesen. Wenn Sie diese Botschaft in Ihr Herz nehmen und bereit sind, sie zu integrieren, kann persönliche Heilung an Körper, Seele und Geist geschehen, und – in Resonanz mit dem morphischen Feld – können Sie außerdem Ihren persönlichen Anteil zur Heilung der Erde beitragen.

Die Kristallkarten können Sie übrigens auch außerhalb der speziellen Termine im Jahreskreis nutzen, um etwas zu verändern, zum Beispiel in der Zeit *zwischen* Imbolc und Ostara usw. Die Gesamtschwingung dieser Energien lässt sich auch in einem größeren Zeitraum nutzen, zum Beispiel wenn an irgendeinem Tag etwas ansteht oder global ein Thema präsent ist, das nach Erdheilung ruft. Sie brauchen keine Bedenken zu haben, dass Sie etwas falsch machen könnten, denn die Geometrien sind so programmiert, dass die Erde nur das annimmt, was zum Wohl des Allgemeinen und im Sinn des göttlichen Schöpferprinzips ist. Wer damit aus egoistischen Gründen heraus etwas beeinflussen wollte, würde keine starken Energien freisetzen können. Die Kristallkraft eignet sich auch hervorragend dazu, sie auf Wasser oder Steine zu speichern. Über das Trinken des informierten Wassers kann jegliche ungesunde Zellinformation transformiert werden und eine notwendige Veränderung eintreten. Die informierten Steine legen Sie an einen geeigneten Platz, zum Beispiel in der Nähe des Ritualplatzes, auf einen kleinen Altar, an eine Quelle oder an einen Bach. Experimentieren Sie damit, und erfahren Sie die Botschaften des Himmels und der Erde hautnah und auf Ihre eigene Weise. Ich wünsche Ihnen viel Freude damit!

Aktivierung unserer Lichtdatenbank

Durch den bewussten Gebrauch von Symbolen und bestimmten Geometrien kann unsere Lichtdatenbank aktiviert werden, und zwar in dem Sinn, wie wir uns das wünschen. Das wissen leider auch die manipulierenden Kräfte weltweit. So werden beispielsweise durch militärische Projekte wie HAARP in Alaska und auch anderswo mithilfe von über hundert Meter hohen Sendemasten Lasersignale bestimmter Frequenzbereiche in das Universum geschossen, um vor allem die Ionosphäre zu erreichen, in der man Wettermanipulationen vornehmen kann. Nach dem Resonanzprinzip fällt dann die künstlich veränderte Strahlung auf die Erde zurück und wird von uns und anderen Lebewesen mit mehr oder weniger negativen Folgen aufgenommen.

Dieser unnatürlichen Beeinflussung zu militärischen Zwecken können wir etwas entgegensetzen, indem wir das durch Machtmissbrauch manipulierte Feld mit den Informationen von Liebe und Heilung aufladen. Das ist keineswegs eine Kampfansage, aber ein Angebot an Vater Himmel und Mutter Erde, unsere Kräfte zum Wohl von allem, was ist, einzusetzen und Verantwortung für die Gemeinschaft des Lebens zu übernehmen. Wenn es speziell darum geht, künstliche Strahlungen und Frequenzen für unseren Organismus verträglicher zu machen verweise ich zusätzlich auf die sehr hilfreichen Entstörsymbole für das digitale Zeitalter (Buch „Homöopathische Symbolapotheke: 70 wichtige Kleine Mittel“, ISBN 978-3-86374-525-7, oder Set mit acht Karten, bestellbar unter www.roswithastark.de).

Spezielle Entstörsymbole machen die Strahlung von W-LAN, Mikrowellen (5G) und Mobilfunk verträglicher.

Den galaktischen Code über Symbole empfangen

Die Geometrie der Kristallkarten ist gewissermaßen ein Übersetzungsmodul für den galaktischen Code, der uns mithilfe von Licht übermittelt wird. Sie können uns wichtige kosmische Informationen vermitteln, die wir deshalb verstehen können, weil wir mit der Kristallgeometrie unser Bewusstsein auf Empfang gestellt haben, so wie wir beim Radio mithilfe des Drehknopfes eine exakte Frequenz einstellen. Licht- und Strahlungsenergie ist ein Bereich von Wellenfunktionen, die Informationen übermitteln und Energien verwandeln können. Licht speist alle organischen und anorganischen Systeme auf der Erde. Ohne Licht könnte nichts überleben, und auch unsere Zellen kommunizieren untereinander mit Licht. Keine Pflanze könnte ohne Licht leben und die Photosynthese vollziehen. Licht steuert und belebt den Lebenscode unserer DNS.

Ohne Bildinformationen könnten wir uns nicht zurechtfinden, denn unser Denken, selbst in den Träumen, geschieht durch bildhafte Codierungen. Das hat sich zum Beispiel ein Zweig der alternativen, energetischen Heilkunde, das Therapieren mithilfe von Symbolen, zunutze gemacht, das sich im Augenblick immer mehr verbreitet. Mit dem Kristallsymbol können wir kosmische Informationen einerseits empfangen und andererseits als gebündelte Kraft nach oben senden (eigentlich ist das Universum ja überall, und die Erde durchrast es unbemerkt von uns mit hoher Geschwindigkeit). Je öfter und regelmäßiger wir die kosmischen Energien anzapfen, desto deutlicher werden wir bemerken, dass wir Informationen und Antworten auf unsere Fragen bekommen, die von höherer Natur sind und die unsere Seele mit den Räumen und Zeiten unserer eigentlichen Heimat verbinden. So stellen wir auch den natürlichen Einklang mit den anderen Planeten und Sternen wieder ein Stück weit her, weil sich der durch die Liebe genährte Puls unseres Herzens mit dem Puls des galaktischen Zentrums, der Zentralsonne, synchronisiert. Mit diesen Kräften unterstützen wir den natürlichen Lebenszyklus der Erde und aller Wesen und füllen sie mit Leben spendenden Informationen an. Dies alles fließt automatisch in das morphogenetische Feld ein.

Zum jeweiligen Punkt im Jahreskreis greift die kosmische Pulsation, die durch die Kristallkarte gezielt eingestrahlt wird, in den natürlichen Lebensrhythmus der Erde und ihrer Geschöpfe hinein und erfüllt über die Symbolik die Aufgabe, uns mit dem natürlichen Rhythmus des kosmisch-irdischen Werdens und Vergehens zu verbinden, damit Heilung auf allen Ebenen geschehen kann. Der Impuls dringt bis in die Tiefen unserer DNA vor und bereinigt Missklänge und Fehlprägungen, die unser Sein und Schaffen auch im Alltag etwas viel „hinein" blockieren können. Die Symbole in den acht unterschiedlichen Positionen unterstützen ein lebensbejahendes und lebensbewahrendes Bewusstseinsfeld. Auch Gesundheit und Wohlbefinden werden auf diese Weise positiv beeinflusst, vor allem auch deshalb, weil die Illusion der Trennung aufhört, die letztendlich Krankheit und Unwohlsein hervorbringt.

Das galaktische Licht, das über unsere Sinne und die Haut aufgenommen wird, geht in Resonanz mit unseren Zellen, und diese werden angeregt, wiederum mit Licht untereinander zu kommunizieren, um notwendige Stoffwechselprozesse zu veranlassen. Ebenso strahlen die Geometrien gewissermaßen als Rhythmus- und Taktgeber in das Feld unseres Lebens auf Erden hinein, damit es gleichermaßen stabil wie beweglich und lebendig bleibt. Das irdische Licht, dessen Hauptvertreter unsere Sonne ist, fängt das kosmische Licht der Zentralsonne ein, das wiederum Repräsentant des Lichtes der göttlichen Urquelle ist. Licht ist unsere Nahrungsquelle schlechthin. Solange wir leben sollen, wird dieses Licht nicht versiegen.

Über die Symbolkarten bringen wir außerdem der Welt der Formen und Körper unsere uneingeschränkte Wertschätzung entgegen und ehren unseren Körper als selbst gewählten Tempel unserer unsterblichen Seele und als beste Antenne, um kosmische und irdische Informationen aufnehmen, weitergeben und austauschen zu können. Alle materielle Schöpfung wird unterstützt, die durch die nichtpolare Frequenz der Liebe erzeugt wird.

Die platonischen Körper repräsentieren die Elemente: Ikosaeder – Wasser, Dodekaeder – Äther, Oktaeder – Luft, Tetraeder – Feuer.

Die acht elementaren Stationen im Jahreskreis

In diesem Kapitel erfahren Sie die inhaltliche und seelische Essenz der acht Ritualstationen im Jahreskreis. Jedes Fest wird begleitet von schönen Meditationen, die Sie alleine oder in der Gruppe als „Seelenreisen“ unternehmen können. Mit jedem Ritual werden Sie mehr und mehr zu Ihrer ureigensten Kraft finden.

Samhain – Allerseelen

31. Oktober und 1. November

Dunkelheit und Innenschau

In der Tradition unserer Vorfahren beginnt das neue Jahr nicht am 1. Januar, sondern zu *Samhain*, dem Jahreskreisfest der Dunkelheit und der dunklen Göttin. An *All hallow´s eve*, Halloween, hat sich die feurige, Leben spendende Kraft ins Innere der Erde zurückgezogen, und die Natur begibt sich zur Ruhe. Die Ernte ist eingebracht, die Vorratskammern sind hoffentlich gut gefüllt, während die Tage kälter werden und Mutter Erde die sterbenden Reste in ihren Leib zurücknimmt. Traditionell wird in der Nacht zum 1. November gefeiert. Im November regiert die Greisin, das alte Weib. Sie nimmt uns Lebende mit hinunter in die Anderswelt, die Welt der Toten und der Ahnen. Es ist die Zeit, in der Grenzüberschreitungen möglich werden. Der Vorhang zur Anderswelt ist jetzt so offen wie sonst nie im Jahr, und wir sind eingeladen, mit den Seelen, Vorfahren oder Geistern in Kontakt zu treten. Dies ist symbolisch in den kirchlichen Ritualen noch zu spüren, wenn Kerzenlichter auf die Gräber gebracht werden, um die Verstorbenen zu ehren.

Samhain ist die Gelegenheit für uns, bewusst die Dunkelheit zu suchen und die Übergänge in die Anderswelt zu finden. Stück für Stück sind wir eingeladen, die Angst vor der Dunkelheit, vor dem Vergehen allen Seins und die Angst vor Tod und Sterben zu verlieren. An Samhain ehren wir den Platz, den die Verstorbenen in unserem Leben hatten und immer noch haben. Im Ritual werden wir spüren, dass wir mit allen verbunden sind, die vor uns waren, und dass diese aus lebendiger Energie bestehen. Jedes Jahr werden wir spätestens jetzt an diesen grauen, nebelverhangenen Tagen an unsere eigene Vergänglichkeit erinnert und an die Angst, dass wir einst einfach in der Dunkelheit verschwinden könnten.

Warum feierten die Kelten diesen Zeitpunkt auch als Jahreswechsel? Vermutlich weil sie wussten, dass der Rückzug der Natur in den Bauch der Mutter Erde nicht das Ende des Lebens bedeutet, sondern dass nun, vor unseren Augen verborgen, der Prozess des Lebens unter der Erde weitergeht. Dieser Wechsel *außen – innen* bedeutet zugleich einen Neubeginn im Sinne von Wiedergeburt, die nach einer Zeit des Abwartens im Frühjahr wiederkehrt. So ehren wir zu dieser Zeit die alte Greisin, die ihr

Friedhöfe können bunte Orte der Begegnung zwischen Lebenden und ihren Ahnen sein.

Werk des Kompostierens und Vorbereitens neuen Lebens unter der Erde betreibt und uns im Frühling das neue wunderschöne Kind präsentieren wird. Wir müssen nichts dazu tun. Dieser Prozess geschieht von ganz allein. Unsere Aufgabe ist es lediglich, die Geduld und die Muße aufzubringen und nicht dort einzugreifen, wo es die Natur schon richtet. Jetzt ist nicht die Zeit für Aktivität und Antreiben, sondern Zeit der Innenschau und der weisen Erkenntnis, dass alles Wachstum im Dunkeln beginnt, so wie der Fötus im Mutterleib ohne Licht heranreift, um zu gegebener Zeit als fertiger Mensch ans Licht zu treten. Indem wir zu diesem Zeitpunkt das Vergehen ehren, holen wir bewusst das Thema Tod und Sterben aus der Verbannung zurück, den Teil in uns, den wir aus Angst abgespalten haben. Das Abschieben unserer Alten in Krankenhäuser und Altenheime zeigt, wie groß unsere Angst vor dem Prozess des Vergehens ist. Manchmal muss aber zuerst etwas sterben, damit anderes Leben entstehen kann. Wer einmal einen Sterbenden bewusst und liebevoll begleitet hat auf seinem Weg in die Anderswelten, der weiß, wie viel Schönheit und wie viel Hoffnung auf neues Leben und auf die Unsterblichkeit der Seele in diesem Prozess liegt.

Nutzen wir jetzt die Chance, Altes gehen zu lassen, um Platz für Neues zu schaffen. An unseren Ritualfeuern können wir Altes, Belastendes bewusst verabschieden, auch die Angst vor unserem eigenen Tod. Wir haben die große Chance, unsere Trauer und unser Festhaltenwollen zu fühlen und anzunehmen, um danach das loszulassen, was dem Neubeginn entgegensteht. Unsere Ahnen werden uns jetzt helfen, zusammen mit der weisen Greisin loszulassen, was uns im alten Jahr immer wieder beschäftigt hat, zum Beispiel Wut, Groll, Neid oder Eifersucht auf die, denen es vermeintlich besser geht oder die uns ungerecht behandelt haben. Es ist Zeit, der dunklen Schwester zu begegnen und den Abstieg in die Unterwelt zu wagen.

Nehmen wir uns Zeit für uns selbst und genießen die langen Abende. Söhnen wir uns mit dem Alten aus und lassen wir gehen, was gehen will. Das Neue wird kommen, auch ohne unser Zutun.

Rituale und Seelenmeditationen

Dunkelheit

Leg die Kristallkraft für Samhain bereit (→ Seite 104). Leg deine Hände darauf oder schau sie an und ziehe dann ihre Energie mit *Bitte* und *Danke* in deinen Körper hinein. Schließe deine Augen und mach alles Licht um dich herum aus. Wenn du in einer Gruppe im Freien bist, sorge dafür, dass ihr einen möglichst dunklen Platz habt. Sprich nicht, und sei ganz bei dir. Nimm deinen Atem wahr und die Geräusche in dir und um dich herum. Nimm die Dunkelheit bewusst wahr und spür dein Herz, wie es klopft. Erlaube der Dunkelheit, in dich hineinzufließen und sich in dir auszubreiten. Erlaube es ihr ganz. Wenn Gefühle der Angst oder des Unwohlseins kommen, dann lass dies geschehen. Erlaube der Dunkelheit, diese Gefühle zu transformieren und zu heilen, indem sie in diese Gefühle hineinflutet. Erlaube der Dunkelheit, ihr Werk der Heilung in dir zu tun.

OM RASIN MAHA RABON.
OM RASIN MAHA RABON.
OM RASIN MAHA RABON.

Lass dir von der Dunkelheit eine Zahl von 1 bis 8 eingeben und lies im Anschluss an das Ritual deine persönliche Botschaft (→ Seite 105ff.) zu dieser Reise. Atme tief ein und komm wieder im Hier und Jetzt an. *Hab Dank für deine Führung, Dunkelheit!*

Besuch der schwarzen Greisin

Leg die Kristallkraft für Samhain bereit (→ Seite 104). Leg deine Hände darauf oder schau sie an. Zieh dann ihre Energie mit *Bitte* und *Danke* in deinen Körper hinein. Schließ deine Augen und sei ganz bei dir. Nimm deinen Atem wahr und die Geräusche in dir und um dich herum. Als Ritualleiter sprichst du diesen Text langsam und achtsam für die Gruppe. Wenn du allein bist, weißt du, wie du diesen Text sinngemäß denken wirst.

Stell dir vor deinem geistigen Auge eine schwarze Kutsche vor. Darauf sitzt ein schwarzer Kutscher, vier schwarze Pferde sind eingespannt. Du selbst trägst ein schwarzes Gewand. Du gehst auf die Kutsche zu, betrittst zwei Stufen und steigst in die Kutsche. Der Kutscher schlägt die Peitsche, und in rasanter Fahrt fliegt die Kusche über das stille dunkle Land. Du bemerkst im Inneren der Kutsche, dass die Fahrt beständig nach unten führt, weiter und weiter nach unten wie in einen dunklen Tunnel hinein. Immer weiter geht die Fahrt, rasend schnell nach unten. Du hast kein Gefühl mehr für die Zeit und den Raum, du weißt nicht mehr, wie lang du schon unterwegs bist und wohin. Du spürst nur, es geht rasend schnell immer weiter nach unten. Plötzlich hält die Kutsche an, und du sitzt ganz still und ruhig. Alles ist dunkel um dich herum. Vorsichtig schaust du nach draußen und erkennst eine Art Bahnsteig. Du steigst aus und berührst den Boden unter deinen Füßen. Du spürst, wie er sich unter deinen Füßen anfühlt. Fühle den Boden! Und fühle dich selbst in deinem Körper nach dieser rasanten Fahrt. Deine Augen gewöhnen sich an die Dunkelheit und – da: Plötzlich siehst du sie vor dir, direkt vor deinem Gesicht – die schwarze Greisin, die dunkle Göttin. Schau sie an und fühle deine Emotionen, jetzt, da sie direkt vor dir steht. Lass dir Zeit, das Energiefeld der Greisin zu fühlen. Lass dir Zeit, ihre Energie in deinem Körper zu fühlen. Die schwarze Göttin berührt mit ihrem schwarzen Finger dein Herz und dadurch alle Schatten, die in dir verborgen sind. Alle schmerzhaften Ereignisse, alle Missbräuche, alle Scham, allen Schmerz, alle Schuld und alle Trauer, die du in diesem Leben erlitten hast, werden jetzt berührt in deinem Herzen. Der schwarze Finger der Alten liegt direkt auf deinem Herzen und berührt dich in der Tiefe. All die Schattengespenster deines Lebens tauchen aus der Tiefe auf, hervorgeholt durch die Berührung der Alten. Lass es im Vertrauen geschehen, dass Heilung geschieht, indem du allem Hässlichen jetzt ins Gesicht sehen darfst. Es mag dich zunächst erschrecken, aber dann spürst du, dass die Angst vergeht, je länger der Finger der Alten dein Herz berührt. Erlaube, dass die Heilung deiner Traumata in diesem Augenblick geschehen darf.

OM MAKU MASAT.
OM MAKU MASAT.
OM MAKU MASAT.

Lass dir von der Alten eine Zahl von 1 bis 8 eingeben und lies im Anschluss an das Ritual deine persönliche Botschaft (→ Seite 105ff.) zu dieser Reise. Atme tief ein und komme wieder im Hier und Jetzt an. *Hab Dank für deine Führung, schwarze Greisin!*

Feiern mit den Ahnen

Heute wird so richtig gefeiert, und zwar mit allen Verstorbenen bzw. mit den Ahnen, die dazugehören. Schreib kleine Zettelchen, *Einladungskarten* für alle, die dir wichtig sind, und für alle, die dabei sein sollen, auch wenn du sie gar nicht kennst. Schreib die Namen oder Bezeichnungen derer auf, die gern mit dir zusammentreffen würden, mach dies ganz intuitiv, schreib zum Beispiel: meine Urgroßmutter, Tante XY, der mir am nächsten gelegene Herzensmensch, der unbekannte Vorfahr, der weiß, wie ich meine Angst ablegen kann, der Verstorbene, der Sehnsucht nach mir hat, oder alles, was dir persönlich einfällt. Steck diese Zettelchen in deine Hosen- oder Jackentasche, leg sie vor dich hin oder verbreite sie in deinem Ritualkreis, in dem sich die Gruppe zusammengefunden hat. Komm nun wieder an deinen Platz. Leg die Kristallkraft für Samhain bereit (→ Seite 104). Leg deine Hände darauf oder schau sie an und zieh dann ihre Energie mit *Bitte* und *Danke* in deinen Körper hinein. Schließ deine Augen und sei ganz bei dir. Nimm deinen Atem wahr und die Geräusche in dir und um dich herum. Als Ritualleiter sprichst du diesen Text laut, fröhlich und einladend für die Gruppe. Du kannst auch begleitend zum Text Rasseln oder andere laute Instrumente benutzen, um deine Einladung in die Welt der Ahnen zu schicken, damit sie auch gehört wird. Wenn du allein bist, weißt du, wie du diesen Text sinngemäß denken wirst:

Kommt herbei, Ihr Ahnen, Ihr Verstorbenen, Ihr wunderbaren Vorfahren, die Ihr uns den Weg bereitet habt. Kommt herbeigeritten auf Euren Rössern der Unterwelt, auf Euren Lichtschiffen gesegelt, auf den Einhörnern der Sternenwelt. Kommt herbei! Ihr seid eingeladen, mit uns das Fest zu feiern, das Fest zu Ehren der Unsterblichkeit. Kommt herbei und nehmt Platz an unserer Tafel, die geschmückt ist mit Ehre, mit Respekt, mit Dankbarkeit, mit Achtung und mit Segen. Nehmt Platz und seid bei uns!

Spür, wie sie alle kommen, und schau sie dir der Reihe nach an. Wie sehen deine Vorfahren aus? Wie sind sie gekleidet? Was haben sie für einen Gesichtsausdruck? Wie sehen sie dich an? Kennt ihr euch aus anderen Zeiten? Fühle die Verbindung zwischen dir und ihnen. Wer zieht dich ganz besonders an? Lass dich dorthin ziehen und biete diesem speziellen Menschen eine Gabe von deinem Tisch an; sieh, was es ist, was du in deinen gebenden Händen hältst. Überreich es deinem Ahnen und beobachte, wie er es an sich nimmt. Wie nimmt er dein Geschenk auf? Berührt es deine Seele? Wie berührt es seine Seele? Was fühlst du dabei, und woran erinnert dich dieses Gefühl? Kennst du es von früher, vielleicht aus deiner Kindheit? Warte eine Weile! Dein Vorfahr wird sich auf seine Weise bei dir bedanken, vielleicht auf ungewohnte Art und Weise. Warte, bis der Dank kommt, und wie er kommt. Sei dir sicher, er wird kommen! Warte. Warte in der Gewissheit, dass das Leben eine Feier ist.

SALA VITA.
SALA VITA.
SALA VITA.

Lass dir von den Ahnen eine Zahl von 1 bis 8 eingeben und lies im Anschluss an das Ritual deine persönliche Botschaft (→ Seite 105ff.) zu dieser Reise. Atme tief ein und komm wieder im Hier und Jetzt an. *Habt Dank für eure Führung, ihr lieben Vorfahren!*

Erdheilung und Körperheilung

Leg die Kristallkraft für Samhain bereit (→ Seite 104). Leg deine Hände darauf oder schau sie an und zieh dann ihre Energie mit *Bitte* und *Danke* in deinen Körper hinein. Schließ deine Augen. Als Ritualleiter sprichst du

Herbst im Wald: Mutter Erde nimmt das Sterbende auf und nährt damit den Boden.

diesen Text langsam und achtsam für die Gruppe. Wenn du allein bist, weißt du, wie du diesen Text sinngemäß denken wirst:

Schau mit deinen inneren Augen in dein Herz hinein und stell dir vor, dein Herz besteht aus lauter Sternen. Betrachte die Sterne und sieh ihr wunderbares Leuchten, das in jede Zelle deines Herzens hineinstrahlt. Tauch mit deinem ganzen Bewusstsein in dieses Sternenuniversum hinein, lass dich einfach ganz hineinfallen. Werde ganz leicht, fühle, dass die Schwerkraft der Erde jetzt ganz aufgehoben ist und du von der Dunkelheit und gleichzeitig von der Leuchtkraft der Sterne getragen bist. Lass dich durchs Universum tragen und dich auf seinen Wellen wiegen. Gib dich diesem Fließen ganz hin. Du wirst an mehreren Sternen vorbeigleiten, bis dich ein ganz bestimmter Stern anzieht. Lass dich von ihm immer stärker anziehen, bis du ganz nahe bist und sein Strahlen gleißend hell geworden ist, sodass es dich fast blendet. Sei getrost, du kannst in dieses Licht hineinschauen, ohne dass es dir schaden wird.

Du bist jetzt ganz nahe an diesem besonderen Stern, es ist dein Heimatstern, der dich immer stärker in sein Energiefeld hineinzieht. Ruhe im Zentrum deines Sterns und lass dich von seiner Energie und Liebe umspülen und durchdringen. Öffne dein Herz und lass die Botschaft deiner galaktischen Heimat hineinströmen, dieses Wissen, das du einst mit auf die Erde genommen hast, bevor du es vergessen hattest. Du fühlst das Pulsieren deiner Herkunft, so lang, bis dein Herz ganz angefüllt ist mit diesem Wissen und du bereit bist, dieses dir so vertraute Wissen auf die Erde zu tragen. Erinnere dich, wie die Geometrie der Kosmoskraft dich wirkungsvoll unterstützt, den Laserstrahl der kosmischen Information in dir zu verankern. Sei jetzt bereit, die Information und Botschaft, die du erhalten hast, auf die Erde zu tragen, indem du dich an die Geometrie der Kristallkarte erinnerst. Sei bereit, ganz in dieses Leben zu inkarnieren mit all dem Seelenwissen, das du seit jeher in dir trägst und das in jeder deiner Zellen pulsiert. Spür, dass du jetzt, in diesem Augenblick, bereit bist, deine dir gegebenen Seelenqualitäten weiterzuentwickeln und die volle Verantwortung und Liebe für dieses Leben im Erdendasein zu übernehmen.

Auf deiner Reise zur Erde zurück gib jetzt alle Reste von Todessehnsucht und Kokettieren mit dem Sterben ab; fühle, wie es abfließt und ins Universum zurückgleitet, wo es sich ganz auflöst. Stell dir vor, wie du jetzt von oben die Erde siehst mit deinem Körper, diesem Tempel, der auf den Eintritt deiner Seele wartet. Du fließt immer stärker auf deinen Körper zu und spürst, wie dich die Erdanziehung mit ihrem Kraftfeld anzieht, immer stärker und stärker. Dein Körper öffnet sich, und du trittst nun vollständig in ihn hinein. Fühle, ob deine Seele den Körper schon ganz ausfüllt und das innere Wesen deckungsgleich mit der äußeren Körperhülle ist. Wenn nicht, dann fühle die Kraft der Geometrien, die dir jetzt helfen, deine Seele ganz mit deinem Körper zu verschmelzen. Jetzt bist du ganz angekommen in dieser Inkarnation, ganz und gar geerdet und zu Hause in dir und auf der Erde, die deine Mutter ist.

OM SALAM VITA.
OM SALAM VITA.
OM SALAM VITA.

Lass dir von Himmel und Erde eine Zahl von 1 bis 8 eingeben und lies im Anschluss an das Ritual deine persönliche Botschaft (→ Seite 105ff.) zu deiner inneren Erd- und Körperheilung. Atme tief ein und komm wieder im Hier und Jetzt an. *Habt Dank für eure Führung, Vater Himmel und Mutter Erde!*

Pflanzen, die sich zum Schmücken und Räuchern an Samhain eignen, sind: Eibe, Wacholder, Beifuß, Salbei, Engelwurz, Eisenkraut, Fichte, Lorbeer, Hanf, Schafgarbe, bunte Blätter, kleine Kürbisse, Tannenzapfen.

SAMHAIN | ALLERSEELEN
DUNKELHEIT UND INNENSCHAU

Deine persönliche Botschaft zu Samhain

Zahl 1 – Die Ernährung

Beruhige deine Seele, deinen Körper und deinen Geist, indem du deine äußere Ernährung etwas einschränkst, denn du hast jetzt genug Materielles gespeichert, um in den Tagen der Ruhe und Innenschau versorgt zu sein. In der Stille, Einkehr und Meditation findest du genügend Vorräte, die mit Licht angefüllt sind und die dich während der dunklen Zeiten nähren können. Füll dich auf mit den wirklich wichtigen Dingen, die du in deinem Herzen findest und lass los von zu viel Stofflichkeit und Habenwollen. So bist du frei für dich selbst.

Zahl 2 – Die Schöpfung

Mach dir bewusst, dass du weder an die Zeit noch an irgendwelche Räume gebunden bist. Du hast zwar einen materiellen Körper als Wohnraum für deine Seele auf dieser Erde angenommen, aber du kannst diesen Körper jederzeit für eine Weile verlassen, wie du dies auch im Traum tust, und dich dadurch von den irdischen Illusionen befreien. Nimm nun etwas Abstand von allzu materiellem Denken wie Sicherheit, Geld, Heim und Besitz. Gedenke der Gesetze der Schöpfung, dass alles Materielle vergänglich ist und du durch die Verbindung mit der Unendlichkeit ein unsterbliches Wesen bist.

Zahl 3 – Die Fülle

Du befindest dich in einer Zeit der Fülle und des inneren und äußeren Wohlstandes und darfst und sollst diese Fülle jetzt genießen und auch anderen davon abgeben. Sei großzügig im Verschenken deiner Güter, deines Wissens und deiner Gaben. Gib Hilfe weiter, wo dieses nötig ist, in der Gewissheit, dass dieses deine Schätze vermehren wird. Du wirst genügend behalten, damit es dir gut ergeht. Du wirst wohl einen Anflug von Bedauern spüren in dem Wissen, dass auch Füllezeiten vorbeigehen, aber sei offenen Herzens – das Leben ist ein Fluss, und du fließt in ihm mit. Leiste keinen Widerstand, er wird dich zu neuen Ufern bringen.

Zahl 4 – Das Warten

Jetzt ist keine Zeit für hektische Bewegungen und Aktionismus. Denk daran, dass du an den großen Atem der Schöpfung angeschlossen bist und nicht immer etwas tun musst. Du wirst von Gott beatmet, und die Atembewegungen halten deinen Körper von allein im Rhythmus des Lebens. Du magst gewisse Dinge um dich herum beobachten, die dich unruhig machen. Lass ab von diesen Bildern in der Gewissheit: Manchmal muss man nur etwas warten, und schon lösen sich die Dinge in Wohlgefallen auf. Stress und Hektik dürfen von dir abfallen, und es geschieht von ganz allein, was Körper und Seele jetzt guttut. Genieße das Warten, und du wirst lernen, diesen schönen Zustand wertzuschätzen.

Zahl 5 – Die Beschränkung

Die Natur kann nicht immer nur wachsen, sie hat auch eine Zeit des Rückzugs und der Mäßigung, damit sie neue Kraft für den inneren Samen entwickeln kann. So bist du jetzt aufgefordert zu überdenken, wo du vielleicht Grenzen verletzt hast, indem du zu viel verlangt hast und unmäßig warst. Vielleicht bist du auch über deine eigenen Grenzen hinweggegangen und fühlst dich dadurch jetzt erschöpft und ausgelaugt. Vielleicht hast aber auch Partner, Freunde oder Familienangehörige überfordert, und diese haben sich zurückgezogen, weil sie etwas Schutz und Freiraum für sich brauchen. Beschränke dich jetzt auf das Notwendige und finde die Essenz in dir.

Zahl 6 – Der Gegensatz

Gegensätze ziehen sich nicht immer an, oft führen sie auch zu Streit, der dadurch entsteht, dass du gern recht behalten möchtest. Wenn du den Konflikt durch Besonnenheit überwinden kannst, wird die Verbindung zum betroffenen Menschen unter Umständen fruchtbarer und ehrlicher werden. Wenn du auf deinem Standpunkt beharrst, entstehen Härte und Unbeweglichkeit in deinem Emotionalfeld und in deinem Körper. Spür den trügerischen Mangel in dir, der dafür sorgt, dass du recht haben möchtest, und erlöse ihn, indem du dich mit deiner Kindheit aussöhnst.

Zahl 7 – Das Erregende

Heftige Bewegungen in deinem Inneren sorgen dafür, dass jetzt etwas zusammenbricht, was keine Berechtigung in deinem Leben mehr hat. Fürchte dich nicht davor, auch wenn es laut zugeht oder grummelt und donnert in deinem Seelenkleid. So wie die Mutter Erde sich ab und zu mit heftigen Erdstößen wehrt, wie jede Geburt manchmal schmerzhaft ist, so schön und rein wird das sein, was daraus geboren wird. Du befindest dich in einer Zeit großer Reinigung und Transformation. Warte noch ein Weilchen, bis jetzt hast du alles geschafft, und du wirst auch diese Geburtswehen überstehen und dann dein Kind der Liebe in den Armen halten.

Zahl 8 – Die Wahrheit

Du erfährst im Augenblick viel Widerspenstigkeit im Leben, sei es von deinem Partner, deinen Kindern oder deinen Kollegen. Alles ist zäh und will nicht so recht vorangehen. Du möchtest gerne die Menschen, Ereignisse und Dinge um dich herum so beeinflussen, dass alles leichter geht. Aber was für dich leicht erscheint, ist für die Wesen, die dich umgeben, vielleicht nicht so stimmig wie für dich. Sie werden nicht durch Zwang und Druck mit dir mitgehen. Spür zunächst in deinem Inneren nach der Wahrheit, die dir den Schlüssel und die Verbindung zu Menschen und Situationen gibt, und nimm dann den neuen Schlüssel der Klarheit, um die Menschen besser verstehen zu können.

Kostenloser Download der acht Kristallkarten

Die farbigen Geometrien zu den acht Jahreskreis-Stationen können Sie aus diesem Buch kopieren. Noch einfacher ist es, sich die Kristallkarten als PDF auf der Buchseite unter www.mankau-verlag.de herunterzuladen. So können Sie sie leicht ausdrucken und zur weiteren Verwendung nach Bedarf laminieren.

Modhro – Wintersonnwend

21. Dezember

Die Geburt des Lichtes

Die Wintersonnenwende am 21. Dezember bringt den oft schon lang ersehnten Wendepunkt nach der immer düsterer werdenden dunklen Zeit. Daher ist er der Zeitpunkt im Sonnenjahr, der den eigentlichen Jahreswechsel begründet. Gefeiert und begrüßt wird hier in dieser längsten Nacht das endlich wiederkehrende Licht. Noch müssen wir warten, bis die Natur bereit sein und ihre Schätze im Frühling nach außen bringen wird. Noch halten die Tiere ihren Winterschlaf, die Bäume sind kahl und Väterchen Frost zieht übers Land. Noch immer sind wir gefordert, geduldig in unseren inneren Räumen auszuharren und die Kraft der Dunkelheit wertschätzen zu lernen. Denn Rückzug und Innenschau brauchen Zeit, bis wir wieder mit frischer Kraft für das neue Jahr angefüllt sind und gut vorbereitet in den Frühling starten. Vielen Projekten, die wir hastig vorantreiben möchten, werden jetzt Steine in den Weg gelegt, und alles *dauert seine Zeit*. Wenn die Zeit kommt, um nach draußen zu gehen, wird uns die Natur ihr Signal geben. Viele von uns zivilisierten Menschen wissen nicht mehr, wie Geduld und Ausdauer funktionieren, und können nicht mehr spüren, welchen Schatz an innerer Lebensenergie in der Zeit der Ruhe aufgebaut wird. Stattdessen lenken wir uns permanent ab oder entfliehen in südliche Urlaubsländer, warten auf bessere Zeiten in Frühling und Sommer. Diese Zeit der Dunkelheit ist aber *jetzt* die beste Zeit, um unsere Energietanks aufzufüllen und mit Ruhe und Entspannung ein bis zwei Gänge herunterzuschalten. Die Adventszeit hilft uns mit ihrer erdigen roten Kraft, die Wartezeit zu überbrücken. Jede Woche dürfen wir eine Kerze mehr entzünden und haben mit jeder Kerze Gelegenheit, am Ende des Jahres bewusst durch das vergangene Jahr zu gehen und in der Stille und Dunkelheit dieser Zeit noch einmal jede Jahreszeit bewusst zu würdigen, die wir im alten Jahr durchschritten haben mit all den Lernprozessen und Erfahrungen.

Die Natur macht vor, was jetzt sinnvoll ist: die Stärkung mit den Nährstoffen, die wir im Herbst als Ernte eingebracht haben und von denen wir jetzt zehren können. Regional geerntete, biologische Nahrung wie Kartoffeln und Wintergemüse, Wurzeln, Eintöpfe, Äpfel, Eingemachtes,

Eisige Winterwelt – so wunderschön!

rote Beeren und vielleicht das *gute Glas Rotwein* oder die dunkle Schokolade. Sie sind Labsal in der dunklen, kalten Zeit. Unser Körper, unsere Seele und unser Geist saugen sich jetzt energetisch mit der Kraft aus dieser Nahrung voll.

Aus der Ungeduld geboren ist die Tradition des *Orakelns*, zum Beispiel beim silvesterlichen Bleigießen (seit 2018 in der EU verboten). Wenn wir schon in unserer Aktivität gehemmt sind, dann wollen wir wenigstens eine Ahnung davon bekommen, wohin unsere Reise im neuen Jahr gehen wird. Eine Vorschau oder Vision ist erlaubt, sie gibt uns Hoffnung auf das Lichtvolle, auch wenn wir noch immer zur Ruhe genötigt sind, damit der Same unter der Erde genügend vorbereitet werden kann. Nur wenn das Kind reif ist, wird es auch lebenstüchtig geboren werden. Ganz viel passiert jetzt, ohne dass wir etwas dazu tun müssen. Die Greisin dieser kalten Jahreszeit, *Cailleach*, die Steinfrau, ist sehr, sehr alt. Sie ist knochig und gebrechlich, innen aber stark und weise. Wir können Sie als Frost und Eis wahrnehmen, wenn sie Eisblumen ans Fenster zaubert oder das Wasser zu Eiszapfen gerinnen lässt. Auch sie war einmal jung und eine wunderschöne Eiskristallkönigin. Sie mag zwar hart und knochig wirken, doch hat sie eine unglaubliche Tiefe in ihren Einsichten durch alle Zeiten hindurch. Sie trägt die Gaben der Ahnen in ihrem eisigen Kleid, sie weiß, wie die Geschicke der Welt seit jeher gelenkt werden, und sie verkündet mit ihren silbernen und grauen Farben die Gesetze von Leben und Tod,

Rauhnächte

Mit dem Julfest, der Wintersonnenwende am 21. Dezember, beginnen auch die sogenannten *Rauhnächte*, die gleichzeitig heiligen und trutzig-rauhen Nächte, die mit dem *Perchtentag* am 6. Januar enden. Es ist eine Zeit voller Verbote und der Furcht vor allen möglichen Geistern, die in diesen Nächten mit den Menschen ihren Schabernack treiben. Der germanische Gott *Odin* treibt seine wilden Pferde durch die Lüfte, und die toten Seelen jagen über das Land. In diesen unruhigen Tagen und Nächten sollte man lieber im Haus bleiben, keine Wäsche im Freien zum Trocknen aufhängen und überhaupt still und brav warten, bis die kalten Nächte und der Spuk vorüber sind. Um die Geister zu besänftigen und die Tage gut zu überstehen, kann man die Räume räuchern, mit den Ahnen Kontakt aufnehmen oder den Geistern Essen vor die Tür stellen. In manchen Gegenden stellt man Buchsbüsche links und rechts vor die Haustür. Die Geister, die eventuell nachts ins Haus gelangen möchten, müssen zunächst alle kleinen Blättchen des immergrünen Busches gezählt haben, bevor sie ins Haus dürfen, was sie natürlich wegen der großen Anzahl der Blätter bis zum Morgengrauen nicht schaffen. Die drei besonderen Nächte zwischen dem 21. und 24. Dezember heißen *Losnächte*. In ihnen wurde viel orakelt in der Hoffnung, man werde Glück haben. Auch das Los in der Lotterie hat damit zu tun. Die drei Glücksnächte dienen aber auch der Vorbereitung auf die Ankunft des Lichtkindes am 24. Dezember, welches die neue Zeit ankündigt. Mit dem Aufstellen des immergrünen Weihnachtsbaumes feierten die Eingeweihten die Unsterblichkeit unserer geistigen Lichtnatur. Die rauhen Nächte enden mit dem *Perchtentag* bzw. mit dem christlichen Dreikönigsfest am 6. Januar, an dem die drei Schutz- und Segensbuchstaben für das neue Jahr C+M+B an die Haustüren gemalt werden, was in der katholischen Kirche *christus mansionem benedicat = Christus segne dieses Haus* bedeutet, ursprünglich jedoch den drei heiligen Frauen *Katharina, Margarete* und *Barbara* gewidmet war. Es ist schön, am 6. Januar ein Feuer zu machen und gesegnete Kräuter zu verbrennen.

so wie sie spiralförmig unabänderlich in diesem Universum gelten. Ein Besuch bei ihr lohnt sich, wenn der Mensch wissen oder fühlen will, was die Welt zusammenhält und was die Essenz des Lebens ist. So erweisen wir ihr die Wertschätzung, die sie verdient, so wie es seit jeher die schamanischen Weisen mit dem Besuch ihres Ältestenrates getan haben. Mit dem Besuch bei der Steinfrau holen wir auch unsere Greise und Ältesten in unsere Herzen zurück, indem wir ihnen Respekt und Ehre erweisen und sie segnen für ihr Sein, ihre Reife, ihren Mut und ihren weisen Rat.

Rituale und Seelenmeditationen

Erdung und Verwurzelung

Leg die Kristallkraft für die Wintersonnwend bereit (→ Seite 116). Leg deine Hände darauf oder schau sie an und zieh dann ihre Energie mit *Bitte* und *Danke* in deinen Körper hinein. Entzünde eine Kerze oder mach Feuer im Ofen. Es ist wichtig, dass du es gemütlich und behaglich hast. Stell dich aufrecht hin. Wenn du in einer Gruppe im Freien bist, dann sorge dafür, dass ihr einen möglichst geschützten Platz habt, an dem ihr euch behütet fühlt und im Kreis stehen könnt. Sei jetzt ganz bei dir! Als Ritualleiter sprichst du diesen Text langsam und achtsam für die Gruppe. Wenn du allein bist, weißt du, wie du diesen Text sinngemäß denken wirst.

Finde mit deinen Fußsohlen guten Kontakt zum Boden, steh ganz stabil und fest darauf. Spüre deine Füße und dich selbst, wie du auf der Erde stehst. Du weißt, eine gute Erdung ist wichtig, besonders für spirituell arbeitende Menschen, die manchmal den Boden unter den Füßen verlieren. Jetzt hast du mit deinem Erdenkontakt die Gelegenheit, in dieser kalten Zeit die nötige Kraft aus der Erde zu ziehen. Richte nun die Aufmerksamkeit auf deine Füße und auf deine Zehen. Stell dir vor, wie sich deine Zehen verformen und sich immer mehr in braune, knorrige Wurzeln verwandeln. Spür, wie dies geschieht. Diese Wurzeln haben kleine Spitzen an den Enden und suchen einen Weg in den Erdboden hinein. Bohr deine Zehenwurzeln in die Erde hinein. Auch deine Fersen mutieren jetzt zu stabilen und doch beweglichen Wurzeln. Fühle, wie die Wurzeln dicker und größer werden. Auch die Fersenwurzeln wandern jetzt durch den Erdboden hindurch in die Erde hinein. Deine Wurzeln wachsen in die Erde hinein, immer tiefer und tiefer. Lass es einfach geschehen. Die Wurzeln suchen sich ganz allein ihren Weg in die Tiefe des Schoßes der Mutter Erde. Tiefer und noch tiefer graben sich deine Wurzeln in die Erde hinein, als würden sie vom Innersten der roten Erde magisch angezogen. Lass deine Wurzeln den roten See im Herzen der Mutter Erde finden. Warte! Deine Wurzeln werden den roten See finden, der aus purer Erdenenergie besteht. Dort werden sie trinken und den Lebenssaft in dich hinaufsaugen. Denn du bist der Baum, der vom roten Lebenssaft der Mutter Erde genährt wird. Beobachte und fühle, wie deine Wurzeln in den roten See eintauchen, noch ein Stückchen tiefer, und wie sie sich vollsaugen mit der Flüssigkeit, die sie vielleicht so lang schon entbehrt hatten. Saug mehr und mehr roten Lebenssaft in deine Wurzeln und zieh das Blut der Erde immer weiter hinauf, höher und höher, bis zu deinen Füßen, sodass jetzt alle deine Erdenwurzeln angefüllt sind mit dem roten Lebenssaft. Spür, wie es sich anfühlt, mit dem nährenden Saft der Erde angefüllt zu sein. Lass dir Zeit und fühle.

OM BATAM MATU.
OM BATAM MATU.
OM BATAM MATU.

Lass dir von deinen Wurzelkräften eine Zahl von 1 bis 8 eingeben und lies im Anschluss an das Ritual deine persönliche Botschaft (→ Seite 117ff.) zu deiner Erdverbindung. Atme tief ein und komm im Hier und Jetzt an. *Habt Dank für eure Führung, ihr Wurzel- und Blutkräfte der Erde!*

Den Lichtenergietank auffüllen

Leg die Kristallkraft für die Wintersonnwend bereit (→ Seite 116). Leg deine Hände darauf oder schau sie an und zieh dann ihre Energie mit *Bitte* und *Danke* in deinen Körper hinein. Sei ganz bei dir. Als Ritualleiter sprichst du diesen Text langsam und achtsam für die Gruppe. Wenn du allein bist, weißt du, wie du diesen Text sinngemäß denken wirst.

Hab guten Kontakt mit dem Boden, auf dem du stehst; erinnere dich an deine Wurzeln, die tief in die Erde reichen und dich in diesem Leben gut ankern. Lass deinen Atem zur Ruhe kommen und einfach fließen. Richte nun deine Aufmerksamkeit auf dein Herz und fühle, wie es klopft: tak tak, tak tak … Verbinde dich mit dem Rhythmus deines eigenen Herzens, fühle den Puls, in dessen Takt dein Blut in die Lebensadern deines Körpers hineingepumpt wird. Hör und fühle den Takt und hör und fühle das Pumpen und Rauschen … Stell dir vor, wie du inmitten deines Herzens bist, ganz klein und sieh, wie der Herzmuskel um dich herum arbeitet, immer im gleichen Takt. Schau dich um, und nimm die Gefäße und Adern wahr, die von deinem Herzen wegführen wie Straßen und Wege in deinen Körper. Schau, welcher dieser Pfade der dunkelste ist. Es mag sein, dass dein Gefühl nicht angenehm ist oder dass du sogar Angst hast, wenn du diesen dunkelsten deiner Wege betrachtest. Du weißt aber, dass du dort hineingehen und den Weg ins Unbekannte wagen wirst. Mach dich jetzt noch kleiner und gehe auf den dunklen Weg zu. Je näher du kommst, desto mehr spürst du den Sog, der dich dorthin zieht, näher und näher … und jetzt bist du plötzlich in der Dunkelheit, und der Sog nimmt dich mit auf den dunklen Weg. Du siehst nichts, völlige Finsternis umgibt dich, während du weiter hineingesaugt wirst und du dich wirbelnd und tanzend ganz dem Treiben hingibst. Du hast keine Ahnung, wohin dich diese Reise führt, du vergisst die Zeit, und du vergisst den Raum … Plötzlich bemerkst du, wie der Sog milder und die Fahrt langsamer wird und wie sich dieser Tunnel weitet. Abrupt landest du in einer Höhle, die ebenfalls ganz dunkel ist. Du siehst dich erstaunt um, und je mehr sich deine Augen an die Dunkelheit gewöhnen, desto mehr Konturen erkennst du an den Wänden. Schau genau hin, und betrachte die Wände. Irgendwo an der Wand wirst du einen kleinen Lichtpunkt entdecken, der deine ganze Aufmerksamkeit fesselt. Je länger du dorthin siehst, desto heller und intensiver leuchtet diese Stelle. Du bist dort gelandet in deinem Körper, wo dein Lichtenergietank gelagert ist. Geh jetzt ganz nah hin und lehn dich mit deinem Herzen an die Stelle, von der das Licht ausströmt. Öffne dein Herz, öffne es ganz und lass so viel Licht in dein Herz hineinfließen, bis es ganz ruhig schlägt und du weißt, dass es jetzt wieder in seinem ureigenen Rhythmus ist.

SHI VATAM MATU.
SHI VATAM MATU.
SHI VATAM MATU.

Lass dir so viel Zeit für das Aufladen, bis du das Gefühl hast, dass es gut ist. Markiere die Stelle mit einem persönlichen Zeichen, damit du später erneut hierher findest, falls dein Tank wieder leer sein sollte.

Lass dir von deinen Lichtkräften eine Zahl von 1 bis 8 eingeben und lies im Anschluss an das Ritual deine persönliche Botschaft (→ Seite 117ff.) zu deiner Lichtverbindung. Atme tief ein und komm im Hier und Jetzt und an diesem Ort an! *Habt Dank für eure Führung, ihr Lichtenergien meines Körpers!*

Besuch der Knochenfrau

Leg die Kristallkraft für die Wintersonnwende bereit (→ Seite 116). Leg deine Hände darauf oder schau sie an, und ziehe dann ihre Energie mit *Bitte* und *Danke* in deinen Körper hinein. Sei ganz bei dir. Als Ritualleiter sprichst du diesen Text langsam und achtsam für die Gruppe. Wenn du allein bist, weißt du, wie du diesen Text sinngemäß denken wirst.

Hab guten Kontakt zum Boden, auf dem du stehst. Erinnere dich an deine Wurzeln, die tief in die Erde reichen und dich gut ankern in diesem Leben. Lass deinen Atem zur Ruhe kommen und einfach fließen. Stell dir vor deinem geistigen Auge einen Steinkreis vor in einer Gegend, die völlig abseits von jeglicher Zivilisation ist. Völlig still, erhaben und heilig liegt der Steinkreis vor dir in einer wunderschönen Landschaft. Geh näher heran und in den Steinkreis hinein. Die riesigen Steine umgeben dich, und du schaust an ihnen hinauf in den Himmel. Du schaust zu deinen Füßen hinunter und nimmst erstaunt wahr, dass der Boden, auf dem du stehst, aus lauter kleinen Knöchelchen besteht und aus Tausenden von Knochensplittern. Du bückst dich und nimmst einen kleinen Knochen in die Hand, und plötzlich weißt du, dass du hier inmitten des Steinkreises auf den Knochen deiner Ahnen stehst, auf der ganzen Essenz deiner Vorfahren, den Tausenden Menschen, die vor dir waren und die dir den Weg hierher in dein Leben vorbereitet haben. Ehrfürchtig betrachtest du den Knochen in deiner Hand. Wie fühlt er sich an? Du kannst ihn erwecken, indem du sanft mit einem Finger darüberstreichst. Dann wird sich dir die uralte Greisin, die Knochenfrau, die Essenz deiner Ahnen, darin zeigen. Streich sanft über den Knochen und schau genau hin, wie sich

Die „knorrigen Alten" tragen viel Wissen und Weisheit in sich.

ein Bild entwickelt und die Knochenfrau Kontur annimmt. Erwecke die Greisin in dir und erweise ihr die Ehre auf deine Weise.

DANU ANAAN.
DANU ANAAN.
DANU ANAAN.

Ich begrüße dich und ehre dich, du weise Alte, und ich bitte dich, weissage für mich: Was ist die Essenz meines Seins? Warum bin ich hier? Was bringt meine Zukunft? Streich sanft mit deinem Finger über die Knochenfrau und warte auf ihre Antwort. Lass dir Zeit. Bitte die Knochenfrau am Ende deines Besuches, Erde und Himmel in dir zu einer stabilen Säule zu verbinden und danke ihr dafür.

Lass dir von deinen Steinaltkräften eine Zahl von 1 bis 8 eingeben und lies im Anschluss an das Ritual deine persönliche Botschaft (→ Seite 117ff.) zu deiner tiefsten Essenz. Atme tief ein, und komm im Hier und Jetzt und an diesem Ort an! *Habt Dank für eure Führung, ihr Knochenkräfte meines Körpers!*

Pflanzen, die sich zum Schmücken, Räuchern und Wertschätzen an Wintersonnwend bzw. am Julfest eignen, sind: Eichenholz, Eibe, Immergrün, Tanne, Fichte, Apfel, Vanille, Johanniskraut, Alant, Beifuß, Mariengras, Mistel, Nelke, Rose.

MODHRO | WINTERSONNWEND
DIE GEBURT DES LICHTS

Deine persönliche Botschaft zu Modhro

Zahl 1 – Der Durchbruch

Die Veränderung der Verhältnisse, in denen du lebst, steht kurz bevor. Es wird einen Durchbruch geben, und das Gute und Lichtvolle wird seinen Sieg erringen, ohne die Dunkelheit verdrängen zu müssen. Es werden keine Sieger und Besiegte sein, aber jede Partei wird das ehrlich ausdrücken, was auch aus ihrer Sicht nicht in Ordnung war. Jeder wird seinen eigenen Weg der Wahrheit gehen können – ohne gegenseitige Aufrechnung und Schuldzuweisung, ohne Bestrafung und Ausgrenzung. Jeder weiß um die neue Ordnung, die unabwendbar kommen muss, und kann sich darin einfügen. Hör auf, das Böse bekämpfen zu wollen, atme tief durch und lass geschehen!

Zahl 2 – Die Wiedergutmachung

Dir ist etwas aufgefallen, was dich schon lang stört, und du musst es jetzt beachten, weil es sich nicht mehr unterdrücken lässt. Es ist so offensichtlich geworden, dass es geändert werden muss. Wenn es eine Verhaltensweise oder ständige negative Gedanken an eine Sache oder Person in dir gibt, dann ist jetzt die Zeit, dass du dich besinnst und die Missverständnisse ausräumst oder die kreisenden Gedanken loslässt. Mach den ersten Schritt. Dies ist kein Schuldeingeständnis dir gegenüber, denn es gibt keine Schuld, nur ein Lernen aus Situationen. Dein Handeln erfolgt aus Liebe und Einsicht heraus.

Zahl 3 – Das Heitere

Du hast dich in Oberflächlichkeiten oder nutzlosem Tun ohne Seelentiefe verloren, vielleicht, weil du durch deinen Alltag überfordert bist und nicht mehr weißt, wie du dich im Einklang mit deinem Körper, deiner Seele und deinem Geist entspannen kannst. Das Lachen mit anderen kommt nicht mehr aus deinem Herzen, es ist Ersatzbefriedigung wie deine Gelüste auf Ablenkung und Begehrtsein. Das Heitere und Lockere findest du im Vogelgezwitscher, in der Natur und im Sonnenstrahl, der deine Nase kitzelt. Geh hinaus, atme die kühle reine Luft, geh auf einen Berg oder schwimm im klaren Wasser. So wirst du wieder gereinigt und siehst klar, welch leuchtendes Wesen du wirklich bist.

Zahl 4 – Das Durchgreifen

Du befindest dich in einer Situation, in der du dich durchsetzen musst, aber ohne Verurteilung oder Strafen. Du weißt vielleicht nicht, wie du das machen sollst, weil du nur eine eingeschränkte Sichtweise davon hast, was *Durchgreifen* aus göttlicher Sicht bedeutet, und das macht dich unsicher. Beginne mit Klarheit und ohne Strenge das zu sagen, was dich bewegt, und das auszudrücken, was du möchtest und was du nicht mehr möchtest. Fühle vorher, ob dieses wirklich deine Wahrheit ist oder die Wahrheit deiner Vorfahren und ob du sie nur nachplapperst. Räum deine Wahrheit frei von Beeinflussungen und kommuniziere erst dann.

Zahl 5 – Die Bescheidenheit

Es ist Zeit, dass du dich zurücknimmst oder vielleicht ganz zurückziehst, damit du nicht unter einer Last zusammenbrichst, die sich in letzter Zeit aufgetürmt hat. Die Balken biegen sich bereits, und es wird Zeit, Gewicht zu reduzieren. Überleg dir, was du abgeben kannst von deinen Aufgaben, deinen Projekten und deinen Plänen. Es ist keine Schwäche, unter Umständen einen Nachfolger oder einen Helfer zu suchen, an den du bestimmte Aufgaben abgibst. Aber kontrollier ihn dann nicht ständig! Es wird leichter werden, wenn du Vertrauen hast und du im Wissen, dass für deine Dinge gut gesorgt ist, einen neuen Weg gehen kannst.

Zahl 6 – Der Reichtum

Du befindest dich im Fluss des Lebens und kennst die klare Quelle, an der du dich laben kannst. Du hast sehr viel Wertschätzung für diese Quelle und das reinigende Wasser, das wie selbstverständlich für dich da ist. Vielleicht hast du jedoch in letzter Zeit festgestellt, dass immer mehr Menschen zu dieser Quelle drängen und sie zu verschmutzen droht, einfach weil der Andrang zu groß geworden ist. Überleg dir, wie du großzügig sein kannst und andere an deinen Energien teilhaben lassen kannst, ohne dass es dir zu viel wird. Vielleicht braucht deine innere Quelle einen Schutz, oder du gibst den Schlüssel nur an diejenigen weiter, von denen du weißt, dass sie sehr achtsam mit den Ressourcen umgehen.

Zahl 7 – Die Kultur

Du leistest Großartiges und hast viele gute Ideen, die du gern in die Tat umsetzen möchtest, gern auch mit anderen Menschen zusammen. Wenn jeder seine Ideen wahllos einbringt, entsteht ein großes Durcheinander, und niemand kann mehr die einzelnen Bestandteile erkennen, die der Verwirklichung dienen. So entsteht nichts als Chaos. Bring zuerst einmal Ordnung in deinen eigenen Tagesablauf. Du kannst morgens zuerst einmal beten oder meditieren oder spazieren gehen, damit dein Geist klar wird und du die Essenz all dessen erkennen kannst, was dir angeboten wird. Dann erst entscheide, was oder wer dabei sein soll.

Zahl 8 – Der Übergang

Du hast Großes geschafft, du warst bei vielen Aktionen dabei, und deine Seele ist weit vorangeschritten auf dem Weg der spirituellen Erkenntnis. Zwar fühlst du dich noch nicht erleuchtet, das hattest du dir anders vorgestellt, aber du weißt, es ist alles richtig, und du weißt, dass du die Wissbegierigkeit deines beschränkten Verstandes nicht unbedingt befriedigen musst. Die Dinge sind eben so, wie sie sind. Mit deinem Herzen kannst du spüren, dass du Teil des großen Schöpfungsplanes bist und dass du *Ja* gesagt hast zu deinem besonderen Platz hier auf der Erde und zu deiner Verantwortung und deinen Aufgaben im kosmischen Plan. So steh einfach hier und leuchte. Lasse das Licht des Universums in dein Herz hineinfließen, und du siehst ganz deutlich, wohin dein Weg dich jetzt führen wird!

Imbolc – Lichtmess

1. und 2. Februar

Das Erwachen

Zu *Imbolc*, Anfang Februar, hat das neue Licht, das zur Wintersonnwende geboren wurde, endgültig gesiegt. Zwar ist für die meisten Menschen in den nördlichen Gefilden immer noch Winter, doch die Tage sind schon merklich länger geworden, und die Vögel zwitschern ihr Lied lauter als noch vor zwei Wochen. Für die alten Völker, die während des langen Winters in gegen die Kälte verbarrikadierten Behausungen ausharren mussten, wurde es jetzt Zeit, den alten Moder der Beschwernisse und die Krankheiten des Winters aus dem Haus zu treiben. Deshalb ist Lichtmess vor allem eine Zeit des Frühjahrsputzes von Haus und Hof, eine Reinigung des inneren Kleides des Körpers und das Abwerfen von unnötigem Ballast. In der christlichen Tradition wird am 2. Februar *Maria Lichtmess* gefeiert, 40 Tage nach der Geburt ihres Sohnes ist Maria wieder rein genug, um einen Tempel zu betreten. Die Lichter für das kommende Kirchenjahr werden geweiht und die Kerzen der privaten Häuser mit Schutzsegen ausgestattet. Diese besonderen geweihten Kerzen kann man immer dann anzünden, wenn Licht im energetischen Sinne notwendig wird, zum Beispiel bei einer schweren Krankheit oder wenn ein Mensch oder ein Tier im Sterben liegt, aber auch bei Geburten oder Bedrohungen wie Unwetter oder ähnliche Unbilden. Ein schöner Brauch in diesem Zusammenhang ist es, um die Bienenstöcke zu ziehen, sie als Wachslieferanten zu segnen und für sie Schutz zu erbitten.

Auch wenn zu *Imbolc* noch Frost über dem Land liegt, für die Natur hat der Frühling bereits begonnen. Die Säfte sind in den Pflanzen bereits bis zur Erdoberfläche gestiegen und bereit, jeden Augenblick durchzubrechen ins neue Leben. Je nach Wetter und Sonnenintensität zeigen sich erste Knospen an Weiden, Haselsträuchern und Birken, und das Gelb und Weiß von Winterlingen und Schneeglöckchen erfreuen unser Auge und unser Herz. Aus dem Schoß der jungfräulichen Göttin *Nolava* entspringt der grüne Zweig des Frühlings, verwandelt aus dem weißen Stab der Wintergöttin. Nolava schenkt uns mit ihrem grünen Zweig Hoffnung auf die Erneuerung des Lebens, vor allem dann, wenn der Winter hart war und wir vielleicht geliebte Menschen oder Dinge verloren haben.

Zünde ein Licht an, und du spürst den Lichtfunken deiner Seele.

Brigid, die Überbringerin des Lichtes (bride = hell), leuchtet uns jetzt, damit wir Inspiration, Visionen und Träume voller Mut und Tatkraft in uns finden. Sie ermutigt uns, Liebe zu geben und anzunehmen und sie zu nähren, damit sie das neue Jahr lebendig bleibt. Nolavas grüner Zweig und Brigids Lichtfunke berühren uns, damit das Neue aus dem Alten geboren werden kann, ohne störenden Ballast mitzuschleppen. Die Zeit steht für das Wissen um die Zyklen immer neuer Inkarnationen, für das Einladen neuer Ideen und Konzepte, und auch neue Denkweisen wollen geboren werden. Die Schlange, das Symbol der Seherin, fordert zum Aufbruch in unbekannte Welten auf und weckt das fröhliche innere Kind in uns, das wir den Winter über vernachlässigt hatten. So wie das Kind in unserem Bauch nicht tot war, sondern nur geschlafen hat, so werden wir jetzt daran erinnert, dass wir im Tod auch nur eine Zeit lang im Schlaf liegen wie die Natur. Durch die Berührung des Frühlings aber werden wir für die Neugeburt vorbereitet.

An Imbolc gilt es, die Vision für das neue Jahr zu finden. Auch wenn wir noch nicht wissen, wohin die Reise geht, und eher unzufrieden, unruhig und noch vollgeladen mit dem Ballast des Winters sind, können wir doch sicher sein, dass der zündende Funke der Inspiration uns treffen wird und unsere Pläne konkrete Formen annehmen können. Auch in diesem Jahr gibt es eine bestimmte Aufgabe für uns, und die wird sich zeigen, wenn wir Großreine gemacht und uns von Moder und Bal-

Bridie-Puppen basteln

Im keltischen Kulturraum ist an Lichtmess der Ehrentag der heiligen *Brigid*, der dreigestaltigen Göttin der Prophezeiung und Dichtkunst, der Heilung, der lichten Quellen und des Herdfeuers. Ihr Symbol ist das *Sankt-Brigids-Kreuz* – ein Sonnenrad, das traditionell aus dem Hafer der letzten Ernte gefertigt wurde. Wir können das Kreuz zu Ehren Brigids auch als einfaches Holzkreuz fertigen und es kleinen, liebevoll gebastelten Püppchen, den sogenannten *Bridies*, umhängen. Die Bridie-Puppen können aus bunten Stoffresten gebastelt und mit Schmuck aller Art verziert werden, zum Beispiel mit bunten Bändern, glitzernden Steinchen oder auch den ersten Frühlingsblumen. Gedanklich geben wir in den Körper der Puppen die Hoffnungen und Träume für das neue Jahr hinein und bitten um Fruchtbarkeit für unsere Visionen, Träume und Projekte.

last befreit und uns von Menschen getrennt haben, die nicht mehr zu uns passen, wenn wir losgelassen und uns von ihnen verabschiedet haben. Putzen, Reinigen und Räuchern des Hauses tun uns gut, und auch schlechte Gewohnheiten, wie zu viel und zu ungesund essen, wollen überprüft und *entsorgt* werden. Dieser Tag ist ein Lichterfest, an dem der göttliche Funke auf Erden wiederbelebt und dieses Licht von uns Menschen in die Welt getragen wird.

Rituale und Seelenmeditationen

Frühjahrsputz

Leg die Kristallkraft für Imbolc bereit (→ Seite 128). Leg deine Hände darauf, oder schau sie an und zieh dann ihre Energie mit *Bitte* und *Danke* in deinen Körper hinein. Sei ganz bei dir. Als Ritualleiter sprichst du diesen Text langsam und achtsam für die Gruppe. Wenn du allein bist, weißt du, wie du diesen Text sinngemäß denken wirst.

Atme einige Male ein und aus, bis dein Atem zur Ruhe kommt und du gleichmäßig ein- und ausatmest. Richte deine Aufmerksamkeit auf deinen Solarplexus, das Kraftzentrum. Hier sind die emotionalen Schlacken und gedanklichen Giftstoffe gelagert, die du im letzten Jahr angesammelt hast und die du jetzt herauslösen kannst, wenn du bereit dazu bist. Stell dir vor, wie du eine helle Flamme anzündest und in deinen Bauch hineinleuchtest. Schau dir die Wände an und alle Stellen im Inneren deines Bauches; leuchte auch in die Zellen hinein und mach alles sichtbar, was Verunreinigung ist. Ruf jetzt eine goldene Flamme herbei, sodass alles, was sich noch verstecken möchte, in goldenem Licht aufleuchtet. Aus dem Zentrum deines Bauches taucht jetzt eine kleine violette Flamme auf, die langsam größer wird. Es ist deine innere Reinigungs- und Transformationsflamme. Lass sie so groß werden, dass alle sichtbar gemachten Schlacken in die violette Flamme eintauchen. Sie nimmt alles Verborgene mit an die Oberfläche, das sich lang in dir versteckt hatte aus Angst vor Veränderung, die jetzt notwendig ist. Jetzt aber wirst du aussteigen aus deinen dir selbst auferlegten Begrenzungen. Spür und fühle, wie die violette Flamme nichts mehr übrig lässt, außer ehrlich zu sein zu dir und zu den anderen. Lass dir Zeit, alles, was dem entgegensteht, zu verbrennen.

RAPIDO FIT.
RAPIDO FIT.
RAPIDO FIT.

Wenn die violette Flamme fertig ist mit ihrer Arbeit des Lösens und Säuberns, dann schau die inneren Wände deines Bauches erneut an. Es ist jetzt alles rein und strahlend und glatt, und wenn du bereit bist, dann erlaube deinem inneren strahlenden Wesen, dass es sich jetzt in dir ausbreiten darf und dass es sich auch außen zeigen darf. Hiermit sprichst du dich frei von aller alten Schuld und allen Belastungen, die du dir vielleicht auferlegt hast. Spüre, wie Mitgefühl und Selbstverantwortung und Liebe in deinen Bauch hineinfließen wie milder, goldgelber Honig. Liebe und Mitgefühl dir selbst gegenüber und gegenüber der Schöpfung. Versprich dir selbst: Ab jetzt lebe ich meine eigene Wahrheit und nehme all das auf, was meine Seele nährt.

Lass dir von deinen inneren Lichtern eine Zahl von 1 bis 8 eingeben und lies deine persönliche Botschaft (→ Seite 129ff.) zu deiner inneren und äußeren Reinigung. Atme tief ein und komm im Hier und Jetzt an. *Habt Dank für eure Führung, ihr Feuer- und Lichtkräfte in mir!*

Der göttliche Funke

Leg die Kristallkraft für Imbolc bereit (→ Seite 128). Leg deine Hände darauf oder schau sie an und zieh dann ihre Energie mit *Bitte* und *Danke* in deinen Körper hinein. Sei ganz bei dir. Als Ritualleiter sprichst du diesen Text langsam und achtsam für die Gruppe. Wenn du allein bist, weißt du, wie du diesen Text sinngemäß denken wirst. Öffne dein Herz und werde ruhig.

Schau mit deinen inneren Augen zum Himmel hinauf, zu diesem riesigen unendlichen Zelt des Universums, das voller Wunder ist. Du wartest hier auf der Erde auf deinen Götterboten, du weißt, er wird bald kommen, denn ihr habt euch für dieses Treffen verabredet. Du schaust hinauf – und ganz weit oben erkennst du einen kleinen schwarzen Punkt, der allmählich größer wird, größer und größer, bis du seine Flügel erkennen kannst. Du erkennst, dass es ein Adler ist, der sich dir nähert. Sein Schatten schwebt jetzt über dir, er ist riesig groß, er breitet seine Schwingen über deinem Kopf aus. Du duckst dich ein wenig, und schon haben dich seine Klauen gepackt, und es geht gemeinsam hinauf in die Lüfte. Zart aber sicher halten dich die Greifer des riesigen Adlers, während ihr zusammen mit großer Geschwindigkeit die Erdoberfläche verlasst. Höher und höher geht es hinauf, und du siehst von oben die Landschaft, wie sie sich verändert; Bäume, Wiesen, Flüsse, Wälder – alles rast an dir vorbei, und die Szenerie verändert sich ständig.

Der Adler trägt dich weiter fort zu einer ganz neuen wunderbaren Landschaft, die du jetzt vor deinem inneren Auge erkennst. Ganz lieblich, wunderbar hellgrün, mit sanften Hügeln und einem glänzend schimmernden See, so nimmst du die Landschaft unter dir wahr. Der Flug wird nun langsamer, und die Landschaft erscheint klarer vor deinen Augen, du kannst jetzt Libellen und Schmetterlinge in den wunderschönen, farbenprächtig leuchtenden Blumen erkennen. Ihr befindet euch im Sinkflug, und plötzlich lässt dich der Adler los, und du gleitest sanft auf eine Lichtung mit wunderbar weichem Moos. Du bist genau neben einer kleinen kristallklaren Quelle gelandet. Glitzernd und plätschernd springt das Wasser munter hervor. Erstaunt stellst du fest, dass sich die Farben des Wassers verändern, von gold zu silber zu violett, orange, gelb, perlmuttfarben ..., aber immer kristallklar. Du weißt, es ist die Quelle der Inspiration und deines Lebens.

Wasser ist die Quelle der Inspiration.

Diese Quelle kann dir zeigen, welche Farbe jetzt in deinem Leben besonders wichtig ist, damit du deinen Seelenweg in Freiheit und Liebe fortsetzen kannst. Schau genau hin, welche Farbe dir die Quelle zeigt. Und erkenne, was dir die Farbe an Inspiration mit auf den Weg geben möchte: Weissagen lernen oder Schreiben, Gedichte oder Poesie verfassen, Malen, Kreativität allgemein, Ich-Sein, Individualität, Selbstermächtigung, Kleidung und Schmuck, der zu dir passt … Lass dich inspirieren.

INSPIRA ME.
INSPIRA ME.
INSPIRA ME.

Tauch deine Hände in das farbige Wasser und nimm einen Schluck von dem klaren Wasser in dem Wissen, dass die Botschaft des Wassers jetzt in deine tiefsten Zellen bis in deine DNA hineinfließt und sich dort die Inspiration und Weisheit für deinen künftigen Weg verankern. Spür, wie gut und klar sich das anfühlt.

Lass dir von deiner Quelle eine Zahl von 1 bis 8 eingeben und lies im Anschluss an das Ritual deine persönliche Botschaft zu deiner Inspiration und Kreativität. Atme tief ein und komm im Hier und Jetzt an. *Habt Dank für eure Führung, ihr Himmels- und Wasserkräfte in mir!*

Heilung aus den Quellen Brigids

Brigid ist die Göttin des Feuers, der Poesie, der Heilung und der Schmiedekunst. Sie ist Sonnen- und Mondgöttin zugleich, so wie sie uns als schöne und lichte Frau des Monats Februar erscheint. Brigid hält den Sonnenaufgang in einer Hand und das Feuer in der anderen, und an ihren Füßen ist eine Quelle, in der die Schlange des Lebens wohnt. Die Berührung ihres feurigen Stabes erweckt Leben in uns. Und dieses Leben kann deutlich vielgestaltiger und farbiger sein, als wir ahnen. Jeder von uns ist aufgefordert, ein Teil dieser farbigen Vielfalt zu sein und nicht in grauem Duckmäusertum zu verharren.

Leg die Kristallkraft für Imbolc bereit (→ Seite 128). Leg deine Hände darauf oder schau sie an und zieh dann ihre Energie mit *Bitte* und *Danke* in deinen Körper hinein. Steh auf und schau, was deinen Blick anzieht. Das kannst du im Freien machen oder in einem Raum, in dem verschiedene Gegenstände liegen. Hole alle Gegenstände an deinen Platz, die von dir gefunden werden wollen und leg sie vor dich hin. Bitte Brigid, deine Hände in ihr heiliges Lichtwasser tauchen zu dürfen und berühr damit zuerst deine Stirn mit der Bitte um Inspiration und Öffnung deines Dritten Auges. Dann berühr jeden Gegenstand mit dem heiligen Wasser, damit du klar sehen kannst, welche Botschaft er jeweils für dich enthält. Sieh und lausche der Botschaft in Ruhe; lass dir Zeit. Alle Sinne werden angesprochen. Du musst nicht unbedingt sehen oder hören. Vielleicht kennst du die Botschaft für dich schon.

ILUMI DAS.
ILUMI DAS.
ILUMI DAS.

Schreib die Botschaft jedes einzelnen Gegenstandes nach dieser Wahrnehmungsübung auf einen Zettel, damit du sie nicht vergisst, und mach nach dem Ritual eine kleine Geschichte daraus, die dir zeigt, welches Potenzial in dir ist und welchen Anteil du mehr leben sollst.

Lass dir von Brigid eine Zahl von 1 bis 8 geben und lies im Anschluss an das Ritual deine persönliche Botschaft (→ Seite 129ff.) zu deiner schöpferischen Kraft. Atme tief ein und komme im Hier und Jetzt an. *Hab Dank für deine Führung, du schöne Brigid!*

Willkommen der neuen Lichtzeit

Wenn das Licht an *Imbolc* neu geboren wird, ist es Zeit, auch in uns zu schauen, was neu geboren werden möchte. Viele spirituell Suchende empfinden sich als *Lichtarbeiter*. Dabei dürfen wir nicht vergessen, dass wir in diesem Leben von der Polarität den Schattenanteil nicht abtrennen können. Doch wissen wir, dass das Licht am Ende (etwas) stärker sein wird als die Dunkelheit. Die Dunkelheit kann das Licht nicht töten. Wo aber ein winziges Licht ist, da sehen wir es in der tiefsten Dunkelheit. Und wenn wir dieses Licht wahrnehmen und achten und ihm Aufmerksamkeit schenken, dann wird es immer stärker werden, und die Dunkelheit wird keine Macht mehr über uns haben.

Leg die Kristallkraft für Imbolc bereit (→ Seite 128). Leg deine Hände darauf oder schau sie an, und zieh dann ihre Energie mit *Bitte* und *Danke* in deinen Körper hinein. Tauch mit deinem Bewusstsein tief in dich hinein, an eine Stelle, die du als sehr dunkel empfindest. Schau dort hinein, bis du ein kleines Licht entdecken kannst. Frag dieses: Was will von mir ins Licht geboren werden? Was erwartet die neue Zeit von mir? Was braucht die neue Erde von mir? Betrachte dein inneres Licht wie einen Samen, für den es jetzt Zeit ist aufzugehen. Gieß ihn vorsichtig und achtsam mit einer Lichtdusche und lass ihn damit keimen und sprießen, auf dass das Licht der neuen Zeit größer werde.

INIS VALA TU.
INIS VALA TU.
INIS VALA TU.

Sieh, was in der nächsten Zeit daraus wächst, ohne es beschleunigen zu wollen, denn „das Gras wächst nicht schneller, wenn man daran zieht". Schau öfter nach deinem inneren Lichtsamen und beobachte einfach, wie er von göttlicher Hand geführt ganz von selbst größer wird.

Lass dir von deiner Quelle eine Zahl von 1 bis 8 eingeben und lies im Anschluss an das Ritual deine persönliche Botschaft (→ Seite 129ff.) zu deinem inneren Schöpfersamen. Atme tief ein und komme im Hier und Jetzt an. *Habt Dank für eure Führung, ihr lichtvollen Schöpferkräfte in mir!*

Pflanzen, die sich zum Schmücken, Räuchern und Wertschätzen an Imbolc eignen, sind: Birke, Weide, Haselnuss, Schneeglöckchen, Krokusse, Forsythien, Beifuß, Salbei, Rosmarin, Wacholder, Lavendel, Minzen.

IMBOLC | LICHTMESS
DAS ERWACHEN

Deine persönliche Botschaft zu Imbolc

Zahl 1 – Das Vorbild

Jetzt ist die Zeit, da du nicht mehr einfach mitlaufen kannst mit den anderen. Du hast erkannt, worum es wirklich geht, und du darfst jetzt vielleicht in eine neue Rolle hineinschlüpfen, die für den allgemeinen Fortschritt und das Wachstum notwendig ist. So sammle dich innerlich und nimm deine Aufgabe wahr, ein Führer, eine Führerin zu werden. Du musst ein Vorbild sein, damit sich andere Menschen an dir orientieren können. Also gib deine falsche Bescheidenheit auf, denn jeder in dieser Gesellschaft hat eine Funktion, die das Universum für ihn vorgesehen hat.

Zahl 2 – Die Beharrlichkeit

Aller Anfang ist schwer, sagt der Volksmund. Vielleicht spürst du seit einiger Zeit, dass ein Erfolg versprechender Ansatz anscheinend keinen Fortschritt mehr bringt. Du zweifelst, ob du das Richtige angefangen hast, denn du meinst, sonst müsse es doch leichter gehen. Dabei geht es jetzt nur darum, beharrlich zu bleiben, ohne Sturheit und Härte oder gar Widerstand gegen andere zu entwickeln, die deiner Meinung nach nicht mitziehen. Du gehst schon den richtigen Weg. So mach dir Mut und allen Beteiligten auch – es wird gut werden!

Zahl 3 – Die Mehrung

Wenn es in deinem Leben stockt und du trotz Anstrengung nicht mehr erreichen kannst oder nicht den Lohn bekommst, den du dir vorstellst, dann hast du das Gesetz der Vermehrung deiner Schätze noch nicht verstanden. Nicht durch noch mehr Anstrengung erreichen wir das, was wir wünschen, sondern durch Hingabe und Opfer an die schöpferischen Kräfte. Ein Opfer zu bringen ist nichts, was wehtut, vielleicht schmerzt es nur kurz, bis du merkst, dass du es gern gegeben hast. Es kann sein, dass du das Opfer deiner festgefahrenen Meinungen bringen musst, auch wenn du dich danach leer fühlen solltest, zumindest eine Zeit lang. Diese Leere wird angefüllt mit neuen Schätzen.

Zahl 4 – Die Begeisterung

Du befindest dich auf einer Welle der Begeisterung, die andere Menschen mitreißen kann und auch die unsichtbaren Kräfte in ihren Bann zieht. So entsteht Bewegung, und es geht zügig voran. Nimm jetzt die leichten Wege und leg dir nicht selbst Steine in den Weg, nur weil dies zu deinen Gewohnheiten gehört. Es sind vielleicht nicht einmal deine Hindernisse, sondern sie stammen von deinen Vorfahren, die es schwerer hatten als du. Sie aber haben sich diese Zeit und diesen Seelenweg – ebenso wie du – selbst ausgesucht. Sie haben das Beste aus ihrer Situation gemacht, so wie du jetzt. Sprich dich frei von alten Lasten, segne deine Ahnen für ihr Vorangehen und beschreite jetzt deinen eigenen, freien Weg.

Zahl 5 – Der Fortschritt

Du bist unzufrieden, weil deine Aktivitäten, Pläne und Projekte zu langsam voranschreiten. Du möchtest gern schneller vorankommen und verstehst nicht, warum die geistige Arbeit der spirituellen Bewegungen nicht deutlichere Früchte trägt. Du bist ein wichtiges Puzzleteil im Spiel der großen Kräfte, aber du kannst nicht das Ganze überschauen, denn das würde – zumindest im Augenblick – deine Sinne überfordern, mit denen dich die Schöpfung für dieses Erdenleben ausgestattet hat. Dein höheres Selbst, dem du unbedingt vertrauen kannst, weiß aber, dass zum Fortschritt auch eine Portion Beständigkeit gehört. So lass dir Zeit, es wird alles für dich in die richtigen Bahnen gelenkt.

Zahl 6 – Die Anziehung

Du bist jetzt aufgefordert, dein Licht nicht mehr unter den Scheffel zu stellen, denn hier kann dein Leuchten niemand wahrnehmen. Wenn du einen Partner suchst, reflektiere ehrlich, wie du wirklich bist, und sorge dafür, dass du deine innere Wahrheit ausstrahlst, ohne dass du Angst haben musst, dass dich doch so keiner lieben kann. Sei dir sicher, du ziehst genau die richtige Person an, die genau *das* liebt! Wenn du dich weiter versteckst oder lieber ein anderer sein möchtest, werden die Menschen von dir fernbleiben. Das Gleiche gilt für deine Projekte und deine Arbeit. Stell dich so dar, wie du bist, mit all der Freude an deinem Tun, auch wenn es noch so verrückt erscheint.

Zahl 7 – Die Möglichkeiten

Als du hierher auf die Erde gekommen bist, wurdest du ausgestattet mit allem Guten und Notwendigen, um deine Aufgabe in Freude erfüllen zu können. Inzwischen bist du den Versuchungen des materiellen Lebens auf den Leim gegangen, und immer mehr Ballast und Schmutz ist zwischen deine ursprünglichen Schätze und Mitbringsel geraten. So geh zum Ursprung zurück und erinner dich an die Reinheit und Klarheit, die du eigentlich in dir hast. Wenn du zu viel Dunkles siehst, dann reinige dich mit der Kraft des Feuers oder mithilfe des violetten Lichts. Es bedarf jetzt einer inneren und äußeren Läuterung, damit du deine ursprüngliche Klarheit wiedererlangst.

Zahl 8 – Die Neigungen

In der Welt der Polarität gibt es immer zwei Pole, und du wirst immer einen Pol bevorzugen. Das bedingt, dass sich der andere Teil zurückgesetzt fühlt und versuchen wird, sich stärker in dein Bewusstsein zu drängen, zum Beispiel, indem etwas nicht klappt, obwohl du dich so sehr dafür eingesetzt hast. Du musst wissen, dass es kein Gut und kein Böse gibt, nur Stellvertreter auf dieser Welt, die eine Zeit lang den jeweiligen Job übernehmen, auch wenn diese Despoten, Politiker, Mafiabosse oder Banker heißen. Neig dich genau diesen Anteilen in dir zu, denn eben diese Anteile hast auch du! Schau sie an und verdräng sie nicht länger, damit sie heilen können. So wird aus Abneigung ein „Sichhinneigen“ zu den Chancen, die sich dir in dieser wundervollen Welt der Möglichkeiten bieten, und du findest aus der Verhärtung heraus hin zum Spielen mit den Farben der Welt.

Ostara – Frühjahrs-Tagundnachtgleiche

20. bis 23. März

Wiedergeburt

Die Frühjahrs-Tagundnachtgleiche (Äquinoktium) markiert im Jahreslauf das Ende des dunklen Halbjahres und läutet die Zeit des lichten Halbjahres ein. Natur und Mensch drängt es nach draußen ans Licht, und die goldige Frühlingsgöttin Ostara betritt leichtfüßig, lieblich und sinnlich die erblühende Erde und hinterlässt unter ihren wandelnden Füßen überall Fruchtbarkeit und Lebensfreude. Ab jetzt und in den Wochen danach, bis die Christen Ostern und damit die Auferstehung Christi feiern, wird vor allem eines in Freude gefeiert: die Wiederkehr des Lebens! Und es ist ein pralles Leben, voller Sinnlichkeit und Sinnenlust, der Samen drängt ans Licht, und die Sexualtriebe von Tier und Mensch zur Partnersuche. Das erste Grün zeigt sich an den Bäumen, und erste Blüten repräsentieren die aufsteigenden Kräfte. Die aufsteigenden Säfte in den Lebewesen lassen sich nicht mehr unterdrücken. Das andere Geschlecht will gefunden, umworben und geliebt werden zur Lust, Freude, Kreativität und Fortpflanzung. Wie zu keiner anderen Zeit trällern die Vögel lautstark ihr Lied und umflattern die Angebeteten, um gemeinsam ein Nest zu bauen. Die Kirche indes stand der Sexualität seit jeher kritisch gegenüber, und so ist dem christlichen Osterfest, der Feier der Auferstehung und damit eigentlich des Prinzips der Unsterblichkeit des Menschen, der Schwerpunkt *Leid* und *Kreuzigung* am Karfreitag vorgeschaltet. Kelten und Germanen waren weniger prüde, sie folgten dem, was die Natur vorgab, und gaben sich der Lust und Freude hin. Hasen, Marienkäfer und bunte Eier zeigen mit ihrer Symbolik Fruchtbarkeit und Sinnenlust. Sie sind übrigens viel älter als das christliche Osterfest.

Mit der Würdigung *Ostaras*, die auch den Sonnenaufgang im Osten und damit das wiedererstarkte Feuer in allem Leben (in den Osterfeuern lebt die alte Tradition fort) repräsentiert, legen wir rituell die alten Blockaden durch Scham und Schuld ab, die uns von anderen auferlegt wurden. Wir begrüßen das neue Licht und das Leben, das unseren wunderbaren Körper, das Gefährt der Seele, in seiner ganzen Schönheit begleitet und das in dieser Zeit der erwachenden Fülle nach außen hin

Nicht mehr zu übersehen – die wunderbare Kraft der Schöpfung im Frühling.

Die Sache mit den Eiern

Hühner legen nicht das ganze Jahr über Eier. Im Frühling erst geht es wieder los mit der Fruchtbarkeit im Hühnerstall, Gott sei Dank rechtzeitig, denn was täte man ohne die bunt gefärbten Ostereier? Zwar gibt es keine Belege für keltische oder germanische Bräuche, dennoch liegt es nahe, das Ei als Symbol der Fruchtbarkeit und Fülle der Natur zu betrachten (der Osterhase symbolisiert stärker den Aspekt von Sexualität und Lust). In der Fastenzeit hatte die Kirche den Fleischverzehr und das Eieressen verboten, was nach Karfreitag wieder genehmigt war. Das „Handwörterbuch des Deutschen Aberglaubens" berichtet von Auswüchsen im Umgang mit dem lang Verwehrten, wonach zum Beispiel ein anständiger Großknecht zwanzig Hühnereier und ein Gänseei verzehren können musste, ein Ausdruck für die dem Ei zugesprochene Kraft und Potenz (Band VI, Seite 1328). Es macht auch Freude, liebevoll bemalte Eier zum Schmücken von Sträuchern und Sträußen zu verwenden. Also färben, bemalen und beschriften wir in der Osterzeit glückliche Hühnereier. Wir segnen sie als Dank für die Fülle, Fruchtbarkeit, Lust und Freude am Leben und lassen sie dann von Kindern suchen oder verschenken sie an Freunde, Familienmitglieder oder Ritualteilnehmer.

gezeigt werden darf. Es spielt hier keine Rolle, wie der Körper aussieht, jede Seele hat genau das Gefährt, das zu ihr am besten passt. Achtsam und vorsichtig, weil noch ungewohnt, dürfen wir auch nicht-perfekte Körperteile lieben lernen, wohl wissend, dass alles, was uns in Werbung und Medien vorgegaukelt wird, nichts anderes als Trug und Illusion ist, die unser inneres Wesen letztendlich nur lähmen. Ostara gibt uns dazu die Erlaubnis und fordert uns auf, unsere eigene Freiheit wieder in Anspruch zu nehmen!

Die Frühjahrs-Tagundnachtgleiche ist eine gute Zeit für Projektanfänge aller Art. Der Samen wurde gelegt, und die Vorbereitungszeit lief mehr oder weniger unbemerkt im Inneren (unbewusst) an. Die göttlichen Kräfte der Natur haben ihr gutes Werk getan, soweit man nicht zur falschen Zeit aus Ungeduld um ein früheres Ergebnis des Gewünschten die Erde vor der Zeit aufgegraben hat, um zu kontrollieren, was da im Dunklen geschieht. Das nämlich hätte den Samen gestört, wenn nicht sogar zerstört. Unsere konkreten Projekte haben gute und weniger gute Zeiten. Jetzt kann die Vision, die wir vielleicht schon zu Imbolc/an Lichtmess in unsere innere Erde gelegt haben, Realität werden. Dies ist die passende Zeit, um aktiv zu werden. Alle Projekte der Lust, Freude, Gemeinschaft, sinnvollen Tätigkeit, Renovierung und Neugestaltung stehen unter dem guten Stern von Ostara. Wir beginnen nun mit der Umsetzung all dessen, was vielleicht schon lang in uns gereift ist, denn die Phase der Innenschau weicht nun dem aktiven Abschnitt des Jahres. Zeigen Sie sich Ihrer Umwelt in Ihrem besten Kleid, mit all Ihren Talenten und Fähigkeiten und mit Ihrem wunderschönen inneren und äußeren Wesen. Sie haben es verdient, und die Menschen um Sie herum freuen sich, wenn Sie Ihren Platz in der Gemeinschaft einnehmen und sich in Ihrer ganzen Pracht zeigen, so wie der junge Frühling.

Rituale und Seelenmeditationen

Frühjahrskräuter sammeln

Ostara ermutigt uns, die Schätze der neu erwachten Natur zu erkennen, wertzuschätzen, zu segnen und sie achtsam zu nutzen. Und das sind im Frühling die frischen Kräuter, die Powerpakete für unsere Gesundheit. Wenn wir uns umsehen, was vor unserer Haustür wächst, werden wir feststellen, dass viel „Unkraut“ sprießt: Brennnessel, Löwenzahn, Giersch, Gänseblümchen, Gundelrebe, Brunnenkresse, Bärlauch sind seit jeher universelle Helfer bei der Reinigung und beim Aufbau der Kräfte. Es tut gut, die letzten Schlacken des Winters loszuwerden, denn erst dann kann sich die neue, inspirierende Kraft in uns entfalten. Also gehen wir hinaus und suchen die Kräuter. Bevor wir sie ernten, danken wir für ihr Wachsen und segnen sie mit den magischen Silben. Bitte nicht mit einem Stahlmesser abschneiden, sondern vorsichtig zupfen. Die Kräuter werden zur Weiterverarbeitung am besten mit einem Keramikmesser geschnitten, bevor man daraus zum Beispiel eine Suppe kocht (ein Emailletopf ist dafür am besten geeignet) oder ein gutes Butterbrot damit belegt. Mit diesem Segen wird uns die Natur durchs ganze Jahr mit ihrer Fülle, ihrem Wachstum und ihrer Liebe begleiten.

Leg die Kristallkraft für Ostara bereit (→ Seite 140). Leg deine Hände darauf oder schau sie an und zieh dann ihre Energie mit *Bitte* und *Danke* in deinen Körper hinein. So werden die Kräuter schon jetzt, bevor du sie findest, mit der starken Kraft des Himmels und der heilen Erde aufgeladen. Geh hinaus und sammle die Kräuter, die dir begegnen. Du kannst sie mit den magischen Worten segnen und ihnen danken, dass sie dir ihre heilenden Kräfte zur Verfügung stellen. Mit diesen Silben reinigst du sie auch von der weitverbreiteten Herabsetzung durch die verächtliche Bezeichnung *Unkraut* und bringst die Schwingung und den Inhalt des Wortes *Heilkraut* mit der damit verbundenen Wertschätzung wieder in die Pflanzen hinein. Über das morphogenetische Feld werden parallel dazu auch alle anderen betroffenen Kräuter wieder in die Schwingung des Dankes und der wertschätzenden Liebe gebracht:

LIBIS TA FUR.
LIBIS TA FUR.
LIBIS TA FUR.

Während du bei den Reinigungs- und Kraftkräutern sitzt und bevor du sie erntest, lass dir eine Zahl von 1 bis 8 eingeben, und lies im Anschluss an das Ritual deine persönliche Botschaft (→ Seite 141ff.) zu deinem inneren Potenzial. Genieße das, was immer du aus den Pflanzen bereitest, und füll dich auf mit Licht und Liebe. *Habt Dank für eure Führung, ihr lichtvollen Kräuterkräfte!*

Reinigungsfeuer

Entzünde ein Feuer für dich allein oder für die Gruppe in der Mitte des Kreises. Schau eine Zeit lang in das Feuer hinein und sieh, was sich dir zeigen möchte. Leg die Kristallkraft für Ostara bereit (→ Seite 140). Leg deine Hände darauf oder schau sie an und zieh dann ihre Energie mit *Bitte* und *Danke* in deinen Körper hinein. Schließ jetzt deine Augen und tauch mit deinem Bewusstsein tief in dich hinein, an eine Stelle, die du als sehr schwer oder belastend empfindest. Lass die Gefühle heraufkommen, die in dieser Stelle deines Körpers abgelagert sind wie Gerümpel auf dem Dachboden: Schuld, Scham, Neid, Eifersucht, Kindheitsbilder ... Lass die Gefühle und Erinnerungen einfach da sein, ohne sie zu hinterfragen. Nimm dann ein Gefühl nach dem anderen, eine beschwerende Erinnerung nach der anderen und leg sie in eine Schachtel, die vor deinen Füßen bereitliegt. Überprüfe anschließend, ob es wirklich alles war. Hast du noch etwas zurückgehalten, vielleicht aus Angst vor dem Neuen oder aus schlechtem Gewissen anderen gegenüber oder auch aus Mutlosigkeit?

Nimm jetzt die Schachtel mit deinen alten Lasten und trag sie zum Feuer. Spür, ob du bereit bist, das Alte und Manipulierende, das vielleicht schon lang ein Teil von dir war, verbrennen zu lassen. Dann wirf es hinein und schau zu, wie das Feuer den alten Ballast verzehrt. Der Feuergeist im Zentrum des Feuers nimmt Gestalt an und flüstert dir mit seinem heißen Atem zu: „Komm herein, komm ganz herein, betrete mit deinem ganzen Wesen den Kern des Feuers ... Komm!“ Wahrscheinlich wirst du Angst haben, der Aufforderung zu folgen. Spür die Angst in dir und lass sie einfach da sein. Soll ich den Schritt wagen? Werde ich gereinigt, geläutert oder verzehrt werden?

Fühle einen leichten Hauch an deiner linken Schulter, es ist Ostara, sie steht dir bei und flüstert dir zu, was in diesem Augenblick zu tun ist: stehen zu bleiben oder hineinzugehen, vertraue ihr. Du musst dich nicht zwingen, kannst dich aber überwinden in deiner Furcht. Wenn du bereit bist, dann geh jetzt den Schritt in deiner Vorstellung und betrete das Feuer. Geh ganz in sein heißes rotes Zentrum hinein. Lass die Flammen dich umzüngeln und lass das Brennen in deinen Körper hinein. Gib alles dem heiligen Feuergeist hin, was noch an alten Glaubensmustern und Seelenanteilen von alten Situationen oder verstorbenen Menschen, die an dir haften, verbrannt und gereinigt werden soll.

Übers Jahr gesammelte und getrocknete Kräutersträuße.

Brenn dich ganz frei davon, bis nur noch Asche und du als reines, heiles Wesen übrig bist. Breite deine inneren Arme aus und lass dich im Zentrum des Feuers ganz und gar entschlacken und transformieren. Wenn du dich ganz freigebrannt fühlst, dann spür, wie sich die Qualität der Flammen langsam verändert. Das Orange und das Rot, das von den Füßen bis zum Kopf in dir lodert und züngelt, ist das Feuer der Kreativität und Schöpferkraft, das sich in dir neu auffüllt. Jetzt, da du weißt, dass die Flamme dich nicht verzehrt hat, sondern dich befreit, kannst du spüren, womit sie dich nährt, wie kraftvoll und groß sie ist, größer und größer in dir, lodernd mit der Flamme der Leidenschaft und Kraft. Lass die Flamme dich so weit auffüllen mit Kreativität und reiner Schöpferkraft, bis du weißt: Jetzt habe ich das richtige Maß in mir erreicht, ohne mich zu verzehren. Das richtige Maß, ohne anderen zu schaden.

BRINNA TA KAM.
BRINNA TA KAM.
BRINNA TA KAM.

Lass dir von deiner inneren Feuerkraft eine Zahl von 1 bis 8 eingeben und lies im Anschluss an das Ritual deine persönliche Botschaft (→ Seite 141ff.) zu deiner kreativen Schöpferflamme. Atme tief ein und komme im Hier und Jetzt an. *Habt Dank für eure Führung, ihr Feuerkräfte in mir!*

Das innere Ei

Leg die Kristallkraft für Ostara bereit (→ Seite 140). Leg deine Hände darauf oder schau sie an und zieh dann ihre Energie mit *Bitte* und *Danke* in deinen Körper hinein. Du bist ganz klein zusammengekauert oder sitzt auf dem Boden, mit oder ohne Kissen. Du sollst es aber bequem haben, sorge also dafür, dass du einige Zeit in dieser Haltung verharren kannst. Du kannst dich im Schneidersitz hinsetzen oder deine Arme um deine angewinkelten Beine legen. Du kannst dich auch wie ein Baby einrollen und dich auf die Seite legen, ganz wie du magst. Mach es dir bequem, sei klein.

Atme ruhig und gleichmäßig. Du nimmst wahr, dass dich eine perlmuttfarbene Schale wie eine Eierschale umgibt – in einigem Abstand zu deinem Körper. Auch die Form ist oval, eiförmig. Du siehst die Wände der Eierschale von Licht beschienen, das außerhalb ist, ein Licht, das nur spärlich das Innere, in dem du liegst, erleuchtet. An einer ganz bestimmten Stelle leuchtet das Licht stärker, es sieht aus wie ein Laserstrahl, der jetzt dabei ist, die Hülle des Eis an dieser Stelle zu durchbohren. Du nimmst die Farbe dieses Laserstrahls wahr, und plötzlich weißt du mit deinem kleinen, klopfenden Herzen: Es ist der Strahl des göttlichen Erzeugers, der sich den Weg durch meine Hülle bahnt. Du beobachtest den Strahl, wie er jetzt durch die Hülle hindurchgleitet, direkt auf dich zu. Jetzt berührt er dich an einer ganz bestimmten Stelle deines Körpers mit seinem Lichtfinger. Fühle, was geschieht, und lass die Farbe und Energie des kosmischen Erzeugers deinen Körper fluten und ausfüllen. Lass dich vom Vater berühren im Zentrum deines Seins und fühle den großen göttlichen Segen, der in dieser Berührung der Seele liegt.

Unter dir nimmst du eine leichte Wärme wahr und weißt, dass es jetzt Zeit ist für den göttlichen Strahl der Mutter. Auch sie schickt ihren Laser durch die Hülle deines Eis. Du nimmst die Farbe des Mutterlasers wahr, wie er sich durch die Hülle bohrt. Jetzt ist auch er hindurch und berührt deinen Körper liebevoll an einer ganz bestimmten Stelle, und die Mutterkraft fließt und ergießt sich in deinen Körper und dein Seelenwesen. Du nimmst diese Wärme und diesen Segen dankbar auf, denn nun hast du beide Kräfte des Seins, Mutter und Vater, in dir vereint, und du kannst leben und wachsen, wenn du magst. Spür, wie dein Körper jetzt wachsen will, dehn dich und streck dich und stell dir vor, wie du dich durch die Hülle deines Eis hindurch drückst und die Schale zerbricht. Wenn der nächste Schritt des Wachstums geschehen soll, dann muss die alte Hülle zerbrechen. Dies ist ein Gesetz der Natur, so wie die Schlange sich häutet.

Es ist Zeit für dich, zu wachsen und die neue Luft zu schnuppern. Mach dich noch größer, steh auf, wenn du noch nicht stehen solltest, und lass deinen Körper die Bewegungen vollführen, die er machen möchte. Nimm dir deinen Raum. Was ist jetzt reif, um sich in dir zu zeigen und zu bewegen? Sprich zu dir: Ich zeige meinen Körper und was ich von meinen Erzeugern an Anlagen mitbekommen habe und fülle diesen Raum jetzt in diesem Augenblick mit meiner Individualität aus! Ich dehne mich aus, ich einzigartiges Wesen, erzeugt von Himmel und Erde. Ich sende meinen Segen an den Spender der Samenkraft, den göttlichen Vater Kosmos, Sonne und Himmel und sende meinen Segen an die große Nährende, die Mutter, die Erde, die Schenkende und Gebende, die mich auch im Tod wieder in ihre großen Arme nehmen wird und erneut gebiert. Was wächst in mir, was wird die wachsende Jahresaufgabe für mich?

Ich spüre die Vision meines diesjährigen Reifeprozesses, ich zeige es jetzt mit meinen Körperbewegungen. Ab jetzt bringe ich es in die Welt. Ich bereite und pflege meinen Garten und gebe ihm Nahrung und Raum!

VAS BALLI TU.
VAS BALLI TU.
VAS BALLI TU.

Lass dir von deinem inneren Zentrum der Fülle eine Zahl von 1 bis 8 eingeben und lies im Anschluss an das Ritual deine persönliche Botschaft (→ Seite 141ff.) zu deiner Fruchtbarkeit. Atme tief ein und komme im Hier und Jetzt an. *Habt Dank für eure Führung, ihr Vater-Mutter-Kind-Kräfte in mir!*

Pflanzen, die sich zum Schmücken, Räuchern und Wertschätzen an Ostara eignen, sind: Schlüsselblumen, Huflattich, Tausendschön, gelbe Lilien, Küchenschelle, Frühlingskräuter, Brennnesseln, Löwenzahn, Gänseblümchen, Birke, Weide, Alant, Engelwurz, Lavendel, Rosenblätter.

OSTARA | FRÜHJAHRS-TAGUNDNACHTGLEICHE

WIEDERGEBURT

Deine persönliche Botschaft zu Ostara

Zahl 1 – Der Frieden

Mit allen deinen Schritten, die du auf dieser Erde tust, bist du aufgefordert, Frieden und Freude zu verbreiten. Sorge dafür, dass die körperlichen, geistigen und seelischen Pflänzchen gut genährt werden und sprießen und blühen können. Das können die ersten Triebe in deinem Garten sein, die du liebevoll begrüßt, oder Menschen, denen du die Hand reichst, wenn sie etwas verzagt sind, und mit deinem Lächeln sagst: „Schau, wie schön die Natur ist, das Licht und das Blühen – so bist auch du eine wunderschöne Blume. Ich mag dich!" So wirst du dafür sorgen, dass die Fülle der Natur sich in jedem Ding, in jeder Situation und in jedem Menschen zeigen kann. Das macht dich glücklich.

Zahl 2 – Das Empfangende

Erinner dich jetzt daran, dass du deine Arme, deinen Geist und deinen Körper öffnest und das Prinzip der großen Mutter lebst, egal ob du eine Frau oder ein Mann bist. Jeder Mensch hat beide Pole – männlich und weiblich – in sich und beide möchten in Harmonie gelebt werden. Meistens leben wir in unserer Gesellschaft den aktiven männlichen Pol, der seine Energie nach außen strömt. Würde sich die Frau, die Erde, nicht mehr hingeben in positiver Passivität, dann würde keine Befruchtung mehr stattfinden, und die Schöpfung wäre zu Ende. So gib dich dem Leben hin, sei passiv und lass das Wunder des Lebens geschehen.

Zahl 3 – Die Heilung

Du nimmst wahr, dass sich die negativen und dunklen Energien um dich herum oder sogar weltweit verstärkt haben, und bist vielleicht frustriert darüber, weil dir deine spirituelle Lichtarbeit als wenig nützlich erscheint. Vielleicht hast du einen Rückfall gesundheitlicher oder emotionaler Art erlitten, und du verstehst nicht, warum das so ist, hast du doch genügend Anstrengungen unternommen, die Ursachen zu beseitigen. Sei dir gewiss, Heilung findet auch dann statt, wenn es draußen turbulent zugeht, und nicht alles, was negativ erscheint, ist auch negativ. Manchmal reinigt sich die Natur selbst, und das erscheint uns Menschen gewalttätig. Es ist aber eine Transformation, die stattfindet, und in der Stille und inneren Ruhe, derer du jetzt bedarfst, kann der Prozess der Heilung weitergehen.

Zahl 4 – Die Besonnenheit

Du gehst vielfältige Verbindungen in deinem Leben ein: mit Partnern, Arbeitskollegen, Freunden, der Familie. Diese Verbindungen funktionieren gut, solange du mit diesen Menschen einen gemeinsamen Lichtpfad gehst, der durch ähnliche Vorstellungen gebahnt ist. Wenn du merkst, dass es immer mehr Konflikte gibt, ist die Zeit gekommen zu reflektieren, ob die geistige Basis noch stimmt. Halte nichts fest, was einen anderen Weg einschlagen möchte oder aus geistiger Sicht auch soll. Trenne dich von Menschen, Situationen oder Dingen, die nicht mehr deinen inneren Weg unterstützen. Lass liebevoll los, damit sich auch der andere weiterentwickeln kann.

Zahl 5 – Die Befreiung

Die Zeit, da du von einer drückenden Last befreit wirst, ist nahe. Du kannst nicht länger dem stetigen Strom des Lebens Barrikaden bauen, denn das Wasser wird sie bald hinwegreißen. Es ist stark geworden. Vielleicht gibt es bald einen großen Krach, der aber wie ein Gewitter nach langer Schwüle kühlend und reinigend sein wird und die Atmosphäre klärt. Du wirst wieder frei durchatmen können, die Arme zum Himmel erheben und fliegen können wie ein Vogel, wenn du magst. Gib dann auch alle schwer machenden Erinnerungen ab an die große Kraft der Vergebung, die alle befreit. Du bist frei, und alle jemals an dieser Situation Beteiligten sind es auch. Fühle, wie der klärende Strom über deinen Atem in deine Lungen eindringt und sich die Kühle in deinem Körper ausbreitet. Atme alle Schwere aus, sie gehört der Vergangenheit an!

Zahl 6 – Die Weisheit

Es ist die Zeit gekommen, da es nötig ist, Abstand zu nehmen von den negativen Gedanken und Handlungsweisen der Menschen in deiner

Umgebung. Schalte auch die trügerischen Abbilder der sogenannten zivilisierten Welt ab, die mithilfe der Medien suggeriert, dass es nur Gewalt und Zerstörung gebe auf der Welt. Man kann auch ohne Fernseher, Radio und Zeitung gut leben, wahrscheinlich sogar besser. Bring dich aus der Schusslinie, wenn es dir zu brenzlig wird und biete keine Angriffsfläche für Hass, Neid, Gier, Geiz und Machtspiele. Geh einen Schritt zurück in dein inneres Heiligtum, wo dich diese Dinge nicht erreichen können. Du brauchst eine Atempause, damit dich die äußere Welt nicht zu sehr vereinnahmt.

Zahl 7 – Die Unschuld

Zu viele Überlegungen, Hintergedanken und Ängste haben deine Anbindung an die göttliche Führung getrübt. Jetzt ist dir vielleicht etwas Unerwartetes passiert, obwohl du doch so *aufgepasst* hattest. Achtsamkeit ist das eine, übertriebene Sorge das andere. Gewinne dein Vertrauen in die göttliche Führung zurück, es hat doch schon so vieles in deinem Leben so gut funktioniert. Der Schaden, den du jetzt erleidest, wird nicht so groß sein, dass es dich umwirft. Es sollte nur eine kleine Lehre sein, bevor ein größerer Schaden passieren könnte. Spür das kleine, unschuldige Kind in dir, das so viel Freude daran hat, einfach nur im Sonnenlicht zu spielen.

Zahl 8 – Die Beständigkeit

Im Trubel des Alltags sind deine energetischen Reserven abgesunken, ohne dass du dies rechtzeitig bemerkt hast. Zwar bist du mit den Dingen des Alltags wie Essen, Trinken, Kleidung und Wohnung gut versorgt, dennoch ist da eine Leere, die dich verzagen lässt und dich vielleicht sogar in die Schwermut geführt hat. Du kannst im Augenblick diese Leere nicht mit Willenskraft auffüllen, nur mit Geduld und mit bewusstem Kontakt und Zwiesprache mit deinem Höheren Selbst und mit deinen geistigen Begleitern. Beständigkeit und Zuversicht sind insofern von dir verlangt, als du im Alltag regelmäßig eine erhöhte Position mit deinem Bewusstsein einnimmst, von der aus du siehst, dass du ein geistiges Wesen in einem irdischen Körper bist, das immer Kontakt zu seiner göttlichen Quelle hat.

Beltane – Maifest

30. April und 1. Mai

Ekstase und Lieben

Ende April, Anfang Mai ist das Erblühen der Natur nicht mehr zu bremsen. Alles frohlockt in voller Lust und Sinnlichkeit mit verschwenderischen Blüten. Wer ist die Schönste im Land? Die weißen Blüten der Apfelbäume, die violetten Schönheiten des Flieders, die bunten Primeln, die gelb leuchtenden Osterglocken? Der Frühling ist definitiv da – und mit ihm die Lust und Sinnenfreude! Maibäume werden aufgestellt, und wenn man genauer hinschaut, dann ist die Symbolik deutlich zu erkennen: Um den Phallus des aufgerichteten hohen Maibaumes kränzt sich an der Spitze der Ring, das Symbol für das weibliche Geschlechtsorgan. Und ob es den Kirchenoberen passt oder nicht, bei den Maifeiern ging und geht es entsprechend locker und gesellig zu. Traditionell wird in der Nacht zum 1. Mai vor allem getanzt, gefeiert und geliebt! *Beltane* hieß es bei den Kelten. Es verkündete den nahen Sommer. Um den Maibaum herum und auf den nahen Festplätzen wird Musik gemacht, und manche Burschen begeben sich auf Brautschau. Die *Freinacht* ist die Nacht der freien Liebe, in der unbeschwerte Erotik und Sinnenfreude gelebt werden will und soll. Es ist die Erinnerung an die Natur, die freudvoll und sexuell in ihrem innersten Wesen ist und sich diese Freiheit durch Moral, Manipulation und körperfeindliche Erziehung nicht nehmen lässt.

Beltane ist für jeden Menschen eine Initiation im Jahreskreis, sich seines körperlichen, natürlichen Wesens und der Freiheit, die die körperlich-spirituelle Erfahrung durch liebevolle sexuelle Vereinigung bringt, zu erinnern. Warum werden wir nicht krank, wenn wir frisch verliebt sind? Weil uns Hormone und aufsteigende Säfte stabil und glücklich machen und Krankheit in diesem sinnlichen Zustand keine Chance hat. Wir kennen Beltane aus den Sagen, wonach in der Nacht zum 1. Mai die Hexen den Blocksberg belagern und sich schamlos und ungehemmt mit ihren herbeigerufenen Geliebten vereinen. In dieser Nacht sind Begegnungen mit Wesen der Anderswelt möglich, die in den unterschiedlichsten Gestalten auftauchen können. Seelenflüge werden heute mit Drogen wie Alkohol unterstützt, bei Kundigen der Anderswelteise mit

Beltane ist das bunte Fest der Weiblichkeit und Schönheit.

Drogen aus der Natur wie der Tollkirsche (bitte unbedingt als Unkundiger die Finger davon lassen!). Starke Transformationskräfte wirken, und mithilfe von Lichtwesen und Naturgeistern wird die Seele gereinigt von den alten Schlacken des Missbrauchs und der Unfreiheit früherer Zeiten. Der von lauten Trommelrhythmen unterstützte ekstatische Tanz hilft, die belastenden Energien abzuschütteln, damit die rote Kraft der liebenden Göttin sich wieder ganz verströmen kann, so wie es die Natur gebietet. Lasst die Natur Vorbild sein: Präsentieren wir uns als duftendes Blütenmeer, als lockend, sinnlich brummendes Insekt, als üppig wiegendes Körpermeer, das den Partner einlädt, sich der Sinnenlust hinzugeben, denn jetzt ist die Zeit dafür da. Lasst uns freigiebig das verschenken, was wir eigentlich als Teil der Natur in Wahrheit sind: pure Lebenskraft und reine Sinnenfreude. Das wollen wir feiern.

Die *Freinacht* vom 30. April auf 1. Mai ist heute nur noch ein ärmlicher Abklatsch und kläglicher Versuch der Obrigkeit, das ungezügelte Treiben, das im Menschen wohnt, in geregelte Bahnen zu lenken (ähnlich wie an Fastnacht bzw. Fasching). So kann der Schabernack wie ausgehängte Gartentürchen oder um Autos gewickeltes Klopapier die im Menschen aufsteigenden Natur- und Urkräfte wahrlich nicht befriedigen. Rituale eignen sich hier sehr gut, um die starken Energien in sinnvolle Kanäle zu lenken und damit die Verbindung der Geschlechter untereinander ebenso zu heilen wie das gemeinsame Sein in Gruppen und die Verbindung zu unseren Vorfahren, die ja auch lang unterdrückt waren. In den symbolischen Handlungen und Worten können wir langsam und achtsam auch alte, tief sitzende Wunden des Missbrauchs an Körper, Seele und Geist lindern und heilen. Wunden, die noch aus solchen Zeiten stammen, die in den Orgien der Inquisition und der Verfolgung und Hinrichtung von Hexen und Magiern gipfelten. Die lange und blutige Geschichte der Unterdrückung – vor allem von Frauen – durch körperliche und sexuelle Gewalt hält leider immer noch an. So kann sich wohl keiner wirklich eine harmonische Vereinigung in sexueller Lust vorstellen, die in völliger Freiheit von Altlasten und zur reinen Freude aller Beteiligten geschieht. Deshalb feiern heute vor allem Frauen die Walpurgisnacht, weil sich hier in gleichgeschlechtlicher Runde ein geschützter Rahmen bietet, die Lust am Körper und an der eigenen Sinnlichkeit zuerst einmal für sich selbst wieder zu entdecken und zuzulassen. Eine harmonische Freinacht mit Männern zusammen erfordert den sanften Mut der Unerschrockenen, aber wenn wir den Sinn dieser Nacht verstanden haben, kann auch das irgendwann möglich sein. An Beltane öffnen wir unseren Geist, unsere Seele und den Körper für die Lebensfreude, Lust und Erotik in dem Wissen: Ich werde täglich neu geboren, und alles ist möglich!

Rituale und Seelenmeditationen

Walpurgisnacht

Die Nacht vom 30. April auf den 1. Mai verlangt einfach nach wildem, ungezügeltem Feiern, nach Tanzen, Musik machen und Loslassen von allem, was uns daran hindert, die Freude auf dieser wunderschönen Erde zu leben. Es ist eine Initiation zur Freiheit, es ist das Aufsprengen der Fesseln, die wir uns vielleicht ein Leben lang haben auferlegen lassen. Feiern in der Gruppe ist natürlich gerade an Beltane optimal. Wenn das aber nicht geht, dann tanze für dich allein. Leg dir dazu rhythmische Trommelmusik auf oder trommle selbst. Ihr könnt den Platz symbolisch mit kleinen Maibäumchen aus Birkenzweigen schmücken und euch bunt und farbenfroh anziehen und euch Blumenkränze auf den Kopf setzen. Entzündet auf jeden Fall

Ein Feuerwerk der Sinne: In der Walpurgisnacht feiern wir uns selbst.

ein großes Feuer in der Mitte des Kreises (oder wenigstens eine große rote Kerze), denn Feuer ist Symbol für Hitze, für Leidenschaft und Ungezügeltsein. Es ist gut, eine Weile zu trommeln, zu rasseln oder auch laut zu singen, damit alle Naturwesen hören können, dass ihr da seid, um euch und sie alle zu feiern in ihrer vollen Lebendigkeit. Trommelt euch in eine leichte Trance und bewegt euren Körper in einem Rhythmus, der euch entspricht und euch guttut. Das kann ein leichtes Wiegen sein oder auch ein wildes Tanzen im Kreis. Tanzt um das Feuer, und spürt euren Körper in seiner Bewegung. Spürt ihn in dem Wunder, das er tagtäglich vollbringt, in dem ihm diese Bewegungen möglich sind. Erlaubt dem Körper, sich zu zeigen und sich in der ureigenen Bewegung auszudrücken. Erinnere dich, dass du vielleicht schon immer gern getanzt hast und dass du dies ab jetzt wieder öfter tun wirst. Tanz ist Leben, und Rhythmus ist Leben. Und wenn du so tanzt zu den Klängen, dann sieh dich um, wer mit dir tanzt. Es sind viel mehr Wesen und Gestalten hier auf diesem Platz versammelt, als du vielleicht im ersten Augenblick wahrnimmst. Du hast mit deinem Tanz die Schleier geöffnet und deine Geliebten eingeladen, mit dir zu tanzen. Und sie tanzen mit dir, die Elfen, Feen, Geister, Kobolde, Merline aus den anderen Welten, die normalerweise verschlossen sind. Jetzt zeigen sie sich und tanzen mit dir. Tanze du auch mit ihnen. Tanzt miteinander den Tanz der kosmischen Hochzeit.

RIS MASSA BUUM.
RIS MASSA BUUM.
RIS MASSA BUUM.

Spür, wie sich die Bewegungen deines Körpers verändern und wie du jetzt mit deinem Geliebten oder auch mit mehreren Geliebten tanzt. Synchronisiere deine Bewegungen mit seinen Bewegungen, spielt euch aufeinander ein. So gebt ihr euch gegenseitig das Geschenk der Freiheit von allen alten Fesseln und unnatürlichen Glaubenssystemen, einfach, indem ihr euch im Rhythmus eurer Körper wiegt.

Heute gibt es keine Verbote, und ab jetzt wirst du vor allem dir selbst keine Verbote mehr auferlegen. Du bist frei, dein Körper ist frei, deine

Männersache

Beltane bzw. *Walpurgisnacht* wird traditionell mehr mit dem Tanz der Hexen auf dem Blocksberg, mit Frauenpower und Unabhängigkeitsbewegung assoziiert. Das ist verständlich, weil weltweit Frauen von Männern unterdrückt und (sexuell) ausgebeutet werden. Dennoch leiden sehr viele Männer unter der Unterdrückung ihrer innersten vitalen Kräfte, der männlichen genauso wie der weiblichen. Männer sind sehr verunsichert, was den Ausdruck ihrer Sexualität betrifft, gerade wenn immer mehr Frauen privat und im Beruf „ihren Mann stehen“. Viele Frauen grenzen ihre Männer wegen alter Verletzungen aus. Oft geschieht dies mehr oder weniger unbewusst. Sie solidarisieren sich stark und manchmal recht einseitig mit dem eigenen Geschlecht, was die harmonische Vereinigung zwischen Mann und Frau erschwert. Ich möchte männliche Ritualleiter dazu ermutigen, bewusst Männerzeremonien zu veranstalten und Männer einzuladen, sich mit ihnen zusammenzufinden, um zu ihrer ureigenen männlichen Kraft zurückzufinden. Das ist genauso wichtig wie für Frauen, wenn sie sich einen geschützten Rahmen schaffen, um sich wieder zu finden, bevor es möglich ist, ohne alte Scham, den Frust und die Verletzungen der Vergangenheit beide Geschlechter in ihrer ursprünglichen reinen Kraft zu vereinigen.

Seele ist frei, die Fesseln fallen ab im Tanz der Ekstase. Du eroberst dir die Nacht zurück und lebst deine innere, ursprüngliche Hexe in diesem Augenblick aus. Du bist stark, du bist unabhängig. So feiere dich und deine neu erworbene Kraft. Wenn du erschöpft bist oder nicht mehr magst, dann hör auf zu tanzen und spür noch eine Zeit lang dem Pochen in deinem Körper nach, bis du die Augen öffnest und wieder ganz im Hier und Jetzt ankommst. Trink Wasser und bedank dich bei all deinen Geliebten und bei deinen Sinnen für den schönen Tanz. Feier den Abend im Anschluss mit der Gruppe bis in die Nacht hinein und so lang du Lust hast.

Lass dir von deiner Gluthexe eine Zahl von 1 bis 8 eingeben und lies im Anschluss an das Ritual deine persönliche Botschaft (→ Seite 155ff.) zu Walpurgis. Atme tief ein und komme im Hier und Jetzt an. *Habt Dank für eure Führung, ihr Kräfte der Lebensleidenschaft in mir!*

Die Königin

Leg die Kristallkraft für Beltane bereit (→ Seite 154). Leg deine Hände darauf oder schau sie an, und zieh dann ihre Energie mit *Bitte* und *Danke* in deinen Körper hinein. Schließ deine Augen und lausch einige Zeit auf das Pochen deines Herzens. Verbinde deinen ganzen Körper und deinen Atem mit diesem Pochen. Werdet eins: Körper, Pochen und Atem. Spür, wie dieses Pochen und Atmen, das dein Leben ist, die Lichtwesen an deine Seite ruft, die dir bei dieser Reise helfen werden zu fliegen. Ruf die Begleiter an deine Seite, die Flugbegleiter für deine Reise zu deiner Königin. Schau mit deinen inneren Augen zu deiner linken Schulter und sieh, wer hier an deiner Seite ist. Dann schau mit deinen inneren Augen zu deiner rechten Schulter und sieh, wer hier dein Begleiter ist. Auch wenn sie dir noch nicht vertraut sind, kannst du doch sicher sein, dass es genau die richtigen Helfer für diese Reise sind. Fühl nun, wie beide Lichtwesen ihre Arme unter deine Arme schieben und dich sanft hinauftragen in die Lüfte. Deine Füße heben ab, und du wirst immer weiter nach oben in den Himmel getragen, jedoch nur so weit, dass du unter dir noch die Landschaften der Erde wahrnehmen kannst. Nach einiger Zeit erkennst du unter dir einen großen Hügel, auf dem ein wunderschönes Schloss steht. Glänzend und erhaben steht es in dieser reizvollen Landschaft voller Wasserfälle, bunter Obstbäume

Wasser reinigt von altem Ballast und klärt unsere Gedanken und Gefühle.

und lieblicher Auen. Das Schloss zieht dich magisch an, und du bemerkst, wie du mit deinen Begleitern hinunter sinkst auf diesen Hügel. Jetzt bist du angekommen, und deine Füße berühren sanft das weiche Gras. Deine Begleiter lassen dich ganz los, bleiben aber an deiner Seite. Vor dir befindet sich ein großes offenes Tor, durch das hellgrünes Licht strahlt. Dieses Licht zieht dich magisch an, und du machst einige Schritte darauf zu, bis du erkennst, wie sich eine zarte, grüne Gestalt darin abzeichnet. Es ist eine wunderschöne, ätherische, weibliche Gestalt, die dich mit ihren großen leuchtenden Augen freundlich anblickt. „Ich grüße dich, du Schöne, ich freue mich, dich begrüßen zu dürfen zu deiner Krönung. Jetzt endlich ist es so weit, du bist da." Sie reicht dir die Hand, und du nimmst die Einladung an, mit ihr ins Schloss einzutreten. Vor dir in der Mitte eines großen, wunderschön geschmückten Saals siehst du, dass der Thron bereits vorbereitet ist: für dich, für deine Krönung zur Königin. Du spürst dein Herz klopfen, aber du weißt, dies ist der richtige Augenblick, es ist jetzt Zeit, dass du die Königin wirst, die du schon lang bist. Jetzt aber wirst du erst einmal deine alten Kleider ablegen, die alten Kleider von „das bin ich nicht wert", „das kann ich nicht", „das verdiene ich nicht", „ich bin nicht gut genug". Deine Lichthelfer halten dir die Hände hin, und du gibst ihnen die Kleider, die du bis jetzt getragen hast und heute zum letzten Mal trägst, eines nach dem anderen, bis du alle abgelegt hast. Denn du hast dich entschieden, rein und nackt in deine neue Königin hineinzugehen. Du trittst einen Schritt vor, nackt und rein und ganz wie du jetzt bist, und die grüne, zarte Gestalt legt dir ein leuchtendes, regenbogenfarbenes Unterkleid an. Du fühlst, wie wunderbar seidig, duftig und leicht es sich anfühlt, wie schmeichelnd und schön. Dann erhältst du das Kleid der Königin. Es ist so schön, dass deine Augen schier geblendet sind. Sieh dir ruhig an, womit es geschmückt ist, es gehört dir. Du wirst es ab jetzt tragen. Die grüne Gestalt streift dir das Kleid sanft über Kopf und Schultern, und es fließt über deinen schönen Körper bis hinab zu den Füßen. Es ist dir ganz und gar vertraut. So kühl, so liebevoll, so schwebend, so voll sanfter Kraft, so voller Freude zum Leben.

Du kannst lieben, wen immer du willst. Du kannst lieben, wen immer du willst. Du kannst lieben, wen immer du willst.
Ja, ab jetzt bin ich die Königin, die ich schon immer war.

WAS MAHA KAAM.
WAS MAHA KAAM.
WAS MAHA KAAM.

Lass dir von deiner Königin eine Zahl von 1 bis 8 eingeben und lies im Anschluss an das Ritual deine persönliche Botschaft (→ Seite 155ff.) zu Beltane. Atme tief ein und komm im Hier und Jetzt an. *Habt Dank für eure Führung, ihr königlichen Kräfte in mir!*

Der Spiegel der Lilith

Leg die Kristallkraft für Beltane bereit (→ Seite 154). Leg deine Hände darauf oder schau sie an und zieh dann ihre Energie mit *Bitte* und *Danke* in deinen Körper hinein. Schließ deine Augen. Du fühlst einen kühlen Luftzug an deiner linken Seite, der stärker wird, bis du dich umblickst, um zu sehen, woher er kommt. Du siehst eine Kutsche in rasanter Fahrt auf dich zukommen; es ist eine Kutsche, die von vier schwarzen Rössern gezogen wird, deren lange, schwarze Mähnen im Wind flattern. Knapp vor dir kommt die Kutsche zum Stehen, die Rösser schnauben heftig, so schnell waren sie unterwegs zu dir. Es muss wohl etwas Wichtiges geschehen sein, das keinen Aufschub zuließ. Die

Tür der Kutsche wird von innen aufgestoßen, und du weißt, dass du einsteigen sollst. Du betrittst die erste Stufe, und da zieht dich eine Hand energisch ins Innere, sodass du überrascht auf den Sitz in der Kutsche plumpst. „Nicht so heftig!", möchtest du sagen, aber da geht die rasante Fahrt schon los. Du spürst das Holpern über Wurzeln, über Stock und Stein, und als du durch das Fenster nach draußen blickst, rast eine wilde Landschaft an dir vorbei. Dir bleibt nichts anderes übrig, als dich so gut es geht festzuhalten und zu warten, bis die wilde Fahrt zu Ende ist. Du hast kein Zeitgefühl mehr, so lang dauert die rasante Fahrt in unvermindertem Tempo. Plötzlich bleibt die Kutsche abrupt stehen, sodass du nach vorn geschleudert wirst und du dich mit den Händen gerade noch abfangen kannst. Die Tür wird aufgerissen, und direkt vor dir steht eine Frau mit schwarzen, wilden Haaren, die dich energisch nach draußen zieht. Es ist Lilith, die Urfrau, die sich noch niemals etwas Unrechtes gefallen ließ. „Komm mit, es ist Zeit, du wirst es jetzt tun", und sie zieht dich hinter sich her, bis an eine Stelle auf offenem Land, wo du viele Personen aufgereiht stehen siehst. Lilith zieht dich zunächst an die Stelle, wo dein Vater steht. Du stehst ihm jetzt direkt gegenüber, wobei Lilith an deiner Seite bleibt. „Sag ihm, jetzt ist Schluss damit, endgültig Schluss mit all dem, was du nicht mehr willst." Und du sagst es ihm, und bei jedem Satz stampfst du mit deinem Fuß auf die Erde, um deinem Wunsch Nachdruck zu verleihen. Wenn du fertig bist, wird sich dein Vater umdrehen und gehen, denn er ist jetzt frei, und du bist jetzt frei. Als Nächstes ist deine Mutter an der Reihe. „Sag ihr, jetzt ist Schluss damit, endgültig Schluss mit all dem, was du nicht mehr willst." Und du sagst es deiner Mutter und bei jedem Satz stampfst du mit deinem Fuß auf die Erde, um deinem Wunsch Nachdruck zu verleihen. Wenn du fertig bist, wird sich deine Mutter umdrehen und gehen, denn sie ist jetzt frei, und du bist jetzt frei. Du schaust, wer noch hier aufgereiht steht, vielleicht deine Geschwister, ehemalige Liebhaber, deine Chefs, ehemalige Lehrer oder andere Personen. Mit jedem machst du mit Liliths Hilfe das Gleiche. Denn jetzt ist endgültig Schluss damit, und ihr alle werdet frei, vor allem du selbst.

PAKA MAHAN.
PAKA MAHAN.
PAKA MAHAN.

Urkraft der Frau – historische Darstellung der Lilith.

Als Letztes stellt Lilith einen großen Spiegel vor dich hin, und du schaust dich an. Was für ein Gewand trägst du? Wie sind deine Haare? Welche Farbe haben sie? Hast du Schuhe an den Füßen oder gehst du barfuß? Schau in dein Gesicht. Hat es Falten, oder ist es glatt und zart, blass oder gerötet? Welchen Ausdruck zeigt dein Gesicht? Ist es verkniffen, angespannt oder freundlich? Gefällst du dir so? Wenn nicht, sagst du jetzt auch zu dir selbst: „Jetzt ist Schluss damit, endgültig Schluss mit all dem, was ich nicht mehr will!“ Kleinmütigkeit, Neid, Geiz, Verwahrlosung, Mutlosigkeit, Lieblosigkeit, Härte … mit all dem ist jetzt Schluss, endgültig! Mach mit allem Schluss, bis dein Spiegelbild dir das klare, wahre, schöne Wesen zeigt, das du in Wirklichkeit bist!

Schau dir nach einiger Zeit dein neues Wesen an: Wie hast du dich verändert? Welche neuen Seiten erkennst du an dir? Sind sie dir vertraut? Wie fühlen sie sich an? Lerne dein neues Wesen lieben!

Lass dir von Lilith eine Zahl von 1 bis 8 eingeben und lies im Anschluss an das Ritual deine persönliche Botschaft (→ Seite 155ff.) zur wilden entschlossenen Kraft in dir. Atme tief ein und komme im Hier und Jetzt an. *Hab Dank für deine Führung, Lilith!*

Pflanzen, die sich zum Schmücken, Räuchern und Wertschätzen an Beltane eignen, sind: Eibe, Thuja, Alraune, Linde, Birke, Hanf, Rose, Rosmarin, alles was jetzt auf der Wiese blüht, junge Triebe der Bäume.

BELTANE | MAIFEST
EKSTASE UND LIEBEN

Deine persönliche Botschaft zu Beltane

Zahl 1 – Die Gemeinschaft

Du bist ein individuelles Wesen, das mit niemand anderem auf dieser Erde austauschbar ist. Du hast genau diesen einzigartigen Platz auf dieser Erde, um eine Aufgabe zu erfüllen. Wenn du dich allein fühlst, ist das eine Täuschung. Du bist mit jedem Atemzug angebunden an die Gemeinschaft mit anderen Menschen. Du bist durch das Band der göttlichen Liebe mit ihnen verbunden; dieses Band hält, selbst wenn du im Streit liegst oder bestimmte Menschen nicht magst. Eine Veränderung zum harmonischen Zusammenleben aller Geschöpfe auf dieser Erde kann nur dann geschehen, wenn du dieses Wissen tief in deinem Bewusstsein verankerst.

Zahl 2 – Das Zusammenhalten

Du bist eine Führernatur und möchtest gern eine Gruppe mit gemeinsamen Interessen auf die Beine stellen. Oder du möchtest deine Interessen nicht mehr allein vertreten und möchtest dich einer Gruppe Gleichgesinnter anschließen. Dann ist jetzt der richtige Zeitpunkt dafür zu prüfen, ob die Inhalte und die Form stimmen, die du dir für die Umsetzung vorstellst. Was sind deine Bilder hierzu? Hast du das Potenzial und alles, was dazu gehört, um eine Gruppe zu leiten? Benutzt du die richtigen Wege, um Gleichgesinnte zu finden, mit denen du dich in Freude austauschen kannst und mit denen deine und eure Unternehmungen Erfolg haben werden, auch aus ganzheitlicher, kosmischer Sicht? Wenn du unsicher bist, geh zunächst mit deinen geistigen Führern in Kontakt und bitte sie um Rat und Klarheit.

Zahl 3 – Das Vorankommen

Die Zeit ist für dich sehr günstig, um den Weg des Erfolges in Leichtigkeit weiterzugehen. Du kommst gut voran, wenn du den Willen hast, wenn du nicht stur bist bei der Umsetzung, wenn du sanftmütig genug bist, um das zu erreichen, was du möchtest. Von Zeit zu Zeit solltest du dich erinnern, dass auch Hingabe an die Dinge und die Notwendigkeiten des Alltäglichen zum Durchbruch verhelfen können. Du wirst dich wie ein Pflänzchen, das seinen frischen Trieb durch die Erde zur Sonne reckt, bald in deiner ganzen Kraft und mit deinem Leuchten zeigen können, sodass alle dich beachten und sich an dir erfreuen können.

Zahl 4 – Das Auftreten

Die Gemeinschaft der Menschen ist im Augenblick mehr durch ihre Unterschiede als durch ihre Gemeinsamkeiten gekennzeichnet. So werden dir Menschen begegnen, denen du dich sehr verbunden fühlst, und Menschen, die du eher ablehnst. Begeh nicht den Fehler zu denken, dass andere Menschen „noch nicht so weit" sind wie du auf ihrem Weg des Lichts. Begegne allen Menschen, die dir zugeführt werden, um auf deinem Weg zu lernen, mit Achtung, Respekt, Freundlichkeit und offenem Herzen, und lern Vorurteile immer mehr aus deinem Leben zu verbannen, ohne die damit gekoppelten Gefühle zu unterdrücken. Dann vollziehst du deine Aufgabe, die göttliche Verbindung wieder zu stärken, auf bestmögliche Art und Weise.

Zahl 5 – Die Zurückhaltung

Misch dich im Augenblick nicht in Dinge ein, deren tieferen Grund du nicht verstehst. Du bist eine Seele, die ihre Wanderung durch Zeit und Raum macht und manchmal stehen bleibt, um sich Situationen von außen anzusehen. Sich hier eine Meinung zu bilden, wäre nicht angemessen, denn du bist zu fremd, und das hier ist nicht deine Heimat. Halt Abstand und wisse, dass es manchmal besser ist, Beobachter in einiger Entfernung zu sein, sonst wirst du zu tief mit hineingezogen in den Strudel der Emotionen und Meinungen, die dir nicht förderlich sind. Zurückhaltung ist angesagt, so lang, bis du Klarheit hast oder diese Dinge nicht mehr wichtig sind. Geh deinen Weg weiter.

Zahl 6 – Die Bezähmung

Starke Kräfte haben sich entwickelt in dir, und du bist jetzt gefordert, sie in angemessener Weise zu leben, ohne dass diese Kräfte überwältigend und zerstörerisch werden. Es wäre schade, wenn deine Führernatur und die Königin in dir sich dazu hinreißen ließen, auf das rasende Pferd der Emotionen, des Zorns, der Entrüstung oder Ungeduld aufzuspringen. Du kannst und sollst die Führerschaft übernehmen und deine Visionen und Aufgaben leben und damit auch andere Menschen anleiten, damit eure Kraft potenziert wird und sich Erfolge leicht einstellen. Wenn du zu forsch wirst, überrennst du andere. Bändige diese übrigen Kräfte dann lieber durch Sport, Tiefenmeditation oder Hobbys, bei denen du dieses Zuviel an Power loslassen kannst.

Zahl 7 – Die Dauer

Viele Dinge siehst du kommen und gehen. Du beobachtest, wie sich alles wandelt in der Natur, in den Jahreszeiten, und wie liebe Menschen sich verabschieden und wiederkommen – oder auch nicht. Die Trauer hilft, sie zu verabschieden, und die Freude, sie zu begrüßen. Das ist der Wandel, der beständig ist, die Veränderung, die ganz sicher kommt. Wenn du zur Zeit eher verunsichert bist und nicht weißt, welchen Sinn dein Leben oder dein Tun hat, dann stell dir vor, wie du auf der Lebenswelle nach oben und nach unten schwingst, und lass dich tragen von diesem Rhythmus. Stell dir vor, dass du in dieser Bewegung mit der Unendlichkeit verbunden bist und dass die Gesetze der Ewigkeit das einzig Dauerhafte sind.

Zahl 8 – Die Sanftheit

Steter Tropfen höhlt den Stein. Erinner dich daran, dass es nicht die gewalttätige Überrumpelung ist, die dich voranbringt. Ein anschwellender Fluss, der die Emotionen durch Druck und Manipulation transportiert wie eine Schlammlawine, würde das Gute nur unter sich begraben und alles bisher Erreichte einfach wegschwemmen. Es ist der stete, milde Tropfen, der die Dinge in deinem Sinne verändern kann und dabei anderen nicht schadet, sondern alle Beteiligten in ihrer Freiheit lässt. So besinn dich auf die milde, sanfte Seite in dir, und entscheide dich, sie jetzt etwas mehr hervortreten zu lassen. So können dich alle Beteiligten in einem anderen Licht sehen, und sie werden aufmerksam und offen darauf reagieren können.

Litha – Sommersonnwend

21. Juni

Fruchtbarkeit

Der Höchststand der Sonne markiert den *Mittsommer*, die Mitte des Sommers also, auch wenn wir wissen, dass in unseren Breitengraden der Sommer mit seiner Hitze erst noch kommt. Die Tage sind lang, die Nächte mild, auch wenn es in den Tagen der *Schafskälte* noch einmal richtig kalt werden kann. Die Bäume und Pflanzen stehen in vollem Saft, erste Früchte sind bereit für die Ernte, und das Korn wächst hoffentlich prächtig. Alle hoffen, dass es eine gute Ernte wird und dass die Wettergötter das Reifen des im Frühjahr Ausgesäten optimal unterstützen. Genügend Wasser muss es geben, aber nicht zu viel, sonst wird die Ernte weggeschwemmt. Sonne muss es geben, aber nicht zu viel, denn sonst verdorrt alles. Das Wasserelement steht für die Qualität unserer Gefühle und Emotionen. Gefühl und Mitgefühl braucht es, um das zarte Pflänzchen zu nähren und zu hüten. Zu viel überschießende Emotion aber, zu viel Sorge und Mangel an Vertrauen in die selbstintelligenten Kräfte der Natur würden zu Überkontrolle und Zerstörung führen. Auch zu viel Sonnenkraft in Form von Wollen und Forcieren unserer Projekte, die jetzt von selbst gedeihen, schadet eher, als sie nützt. Zu viel Kraft verbrennt das Holz zu schnell, zurück bleibt die Asche, noch bevor wir das Feuer überhaupt genießen konnten. So ist dies die Zeit, in der die Natur zur Reife übergeht wie die Jungfrau zur Mutter und man das Kind behüten sollte, ohne es zu unterdrücken. Vertrauen in die Harmonie der Schöpfung und in die Gesetze des Werdens und Vergehens der Natur ist mehr denn je gefordert, und Warten, bis alles reif ist und geerntet werden kann, auch wenn wir voller Lust und Ungeduld sind und die wenigen Früchte schon jetzt verbrauchen möchten.

Die Feuer, die jetzt entzündet werden (Johannisfeuer, Mittsommerfeuer), dienen der Feier des prallen Lebens ebenso wie dem endgültigen Verbrennen und Loslassen alter nutzloser Dinge, die unser weiteres Wachstum nur bremsen. Auch zu diesem Zeitpunkt treibt man Reste des Winters und der Kälte aus, aber auch vermeintliche böse Geister und Unholde, die der nahenden Ernte schaden könnten. Gebete und Rituale, rund um das Feuer abgehalten, sind Bitten um eine gute Ernte und dass

Sommersonnwend ist der Zeitpunkt wichtiger Entscheidungen.

das restliche Jahr mit Fruchtbarkeit gesegnet sei. Dies ist eine gute Zeit, um den passenden Partner zu wählen. Miteinander springen Braut und Bräutigam, mit Blumenkränzen oder Beifuß geschmückt, über das Feuer, und wenn sie das unbeschadet tun können, dann steht einer glücklichen Partnerschaft nichts im Wege. An Mittsommer werden viele üppige Feste gefeiert, um sich mit der Natur zu verbinden und ihren freigiebigen Geschenken in Form von Obst und Gemüse oder der ersten Heuernte zu huldigen. Wir dürfen uns darüber freuen. Am 24. Juni ist Johanni, das von den Christen als das Fest der Geburt Johannes des Täufers gefeiert wird. Wenn am Abend vorher ein Strauß voller Kräuter, zum Beispiel aus Johanniskraut, Wetterdistel, Frauenmantel, Eichenlaub, Sauerampfer oder Haselzweigen gesammelt wird, dann haben diese Kräuter besondere Heilkräfte. Wenn man sie ins Feuer wirft, segnen sie das Jahr und vertreiben böse Kräfte. Es ist auch gut, sie zu trocknen oder im Haus oder Stall aufzuhängen als Schutz und zum Segen.

Litha, der Höchststand des Lichtes, ist im wahrsten Sinne des Wortes eine Hoch-Zeit in allen Dingen. Die Jahresaufgabe, die wir zu Anfang des Winters erhielten, kommt jetzt zur Reife und zeigt erste Früchte. Wir wissen, wo es lang geht, was wir wollen und was nicht. Wir dürfen uns feiern und loben für das, was wir geschafft haben, und unsere lustvolle Entfaltung spüren wie das helle Sonnenlicht. Es ist gut, wenn wir uns nach außen zeigen mit allem, was wir können und sind.

Kräuterbuschen

Es ist eine schöne Tradition, an bestimmten Tagen im Jahr Kräuterbuschen zu binden. Sie zeigt auch unsere Wertschätzung der zu diesem Zeitpunkt wachsenden Pflanzen und Heilkräuter. Johanni/Litha ist dafür ein guter Zeitpunkt. Spirituell Suchende und der christlichen Tradition verbundene Menschen binden die Buschen mit Liebe und Sorgfalt. Zwar gibt es regional unterschiedliche Vorschriften, welche Pflanzen und Kräuter im Buschen sein sollten, von 7 bis 99, aber es ist jedem selbst überlassen, diejenigen heimischen Pflanzen zu finden, die sich dafür zur Verfügung stellen möchten. Eine Königskerze in der Mitte des Straußes macht sich allemal gut; dazu kommen zum Beispiel Johanniskraut, Beifuß, Rainfarn, Melisse, Baldrian, Beinwell, Eisenkraut, Frauenmantel, Goldrute, Distelarten oder auch Getreidehalme als Symbol für die Fruchtbarkeit. Die fertigen Buschen werden gesegnet und geweiht und danach zum Trocknen in Haus und Hof aufgehängt. Sie vertreiben ungute Energien und bringen Segen ins Haus. Mutter Maria ist nicht nur in der katholischen Kirche eine bedeutende Frauengestalt, sie ist auch in spirituellen Kreisen Symbol für die höchste Himmelsgöttin und Mutter der Barmherzigkeit und Liebe. Kräuterbuschen, die am 15. August gebunden werden, eignen sich auch sehr gut dafür, am 6. Januar, zum Ende der Rauhnächte, ins Feuer gegeben zu werden, um die kalten Geister des Winters auszutreiben.

Und dennoch ist an diesem Tag der Umkehr schon der andere Pol spürbar: Ab morgen werden die Tage wieder kürzer, und die Dunkelheit holt sich ihren Raum Zug um Zug zurück. So klingt bei aller Fülle und Feier immer auch der andere Pol mit: Verluste, Verblühen, Vergehen und Rückzug. So ist dieser Tag auch der Tag der Entscheidungen. Was stimmt noch in meinem Leben, was vielleicht schon länger nicht mehr? Wie ist das mit meiner Partnerschaft, mit meiner Arbeit, meinen festgefahrenen Meinungen? Was gilt es zu verabschieden, was loszulassen? Jetzt ist der Tag, an dem die Entscheidung fällt, es ist dafür die beste Zeit. So ist Litha auch ein Fest der Umkehr … aber bei all dem zünden wir uns ein großes Feuer an, und wir tun vor allem eines: uns selbst feiern und die Natur in ihrer Fülle und Pracht!

Rituale und Seelenmeditationen

Mittsommerfeuer

Heute ist der Tag, um ein großes Mittsommerfeuer zu Ehren der hoch stehenden Sonne zu entzünden, die uns die Kraft und das Licht gibt, um uns zu dem König und zu der Königin zu entwickeln, die wir in Wirklichkeit sind. Auch wenn die Sonne nicht sichtbar sein sollte, so ist sie doch da, und ihre Energie befruchtet Mutter Erde. So wird in der Gruppe ausreichend Holz zusammengetragen, um ein wunderbares Feuer zu entzünden. Schon beim Sammeln des Holzes solltest du dankbar für die Fülle der Schöpfung sein, denn auch Holz ist ein Geschenk der Erde an uns Menschen, auf dass wir es achtsam nutzen. Die Bäume, ohne die wir nicht leben könnten, schenken es uns, damit wir die Kraft des vollen Lichts ehren können, bevor die Dunkelheit wieder stärker wird. Schichte mit der Gruppe achtsam die Hölzer zu einem schönen Stapel auf. Heute ist ein Tag der Freude, ein Tag, an dem wir der Natur danken, dass der von uns gelegte und durch sie genährte Samen bereits so schöne Früchte trägt. Heute ist der Tag, an dem wir bitten und Segen spenden, damit die Früchte des Sommers üppiger werden und uns noch lang nähren mögen in diesem Jahr. Wenn das Feuer brennt, könnt ihr euch an den Händen nehmen und die Verbindung zwischen euch allen spüren, so wie in der Natur alles mit allem verbunden ist.

Und du weißt, dass nur durch diese Verbindung, durch diese Zusammenarbeit und durch dieses Fließenlassen das Wachstum des Samens möglich wurde. Spür Dankbarkeit in deinem Herzen, dass die gemeinsame Arbeit und euer Einsatz durch die üppige Fülle und das bunte Blühen der Natur belohnt werden. Lass einen Summton aus deinem Herzen heraus entstehen, so wie die Bienen und Hummeln summen und von Blüte zu Blüte fliegen. Lass deinen Ton treiben und beobachte, zu welchen Blüten, Stauden, Bäumen oder Landschaften er fliegt. Beobachte, wo sich dein Ton niederlässt, um sich zu nähren. Euer gemeinsames Summen ist wie das gemeinsame Tun und Sein des Bienenvolkes, das die Natur ganz selbstverständlich befruchtet und dabei ihren wertvollen Honigtau einsammelt. Fühle das Spielerische, Behagliche und die Geborgenheit, die in diesem gemeinsamen Summen und in dem Wissen steckt, dass Mutter Natur immer für mich und für uns sorgt. Wiege deinen Körper zum Summen und Brummen, wie er das möchte. Lass geschehen und lass dich treiben, während das himmlische Feuer brennt. So bist du verbunden mit dem erzeugenden Strahl des göttlichen Vaters, des Feuers, und mit der nährenden Nestwärme der Mutter, deren Kind du bist. Du erzeugst den wohligen Ton, weil du weißt, dass alles in Ordnung ist, wenn du dich jetzt der Schöpfung hingibst.

OM SHAHA MU.
OM SHAHA MU.
OM SHAHA MU.

Wenn deine Töne eine Zeit lang ausgeflogen sind, dann hol sie alle der Reihe nach zu dir zurück und sieh, welche Gaben und Geschenke wie kleine Pollenpäckchen sie zu dir zurückgebracht haben. Deine Töne legen dir die Gaben vor die Füße, und du betrachtest sie nun in aller Ruhe mit deinem inneren Auge. Es sind deine Geschenke, damit du deinen fruchtbaren Weg weitergehen kannst, die Begleiter für die Fülle und die Liebe in deinem Leben.

Nun lass dir von deinem inneren Kind eine Zahl von 1 bis 8 eingeben und lies im Anschluss an das Ritual deine persönliche Botschaft (→ Seite 167ff.) zu Mittsommer. Atme tief ein und komme im Hier und Jetzt an. *Habt Dank für eure Führung, ihr Mutter-Vater-Kind-Kräfte in mir!*

Reinigung an Quellen und Nebeln

Leg die Kristallkraft für Litha bereit (→ Seite 166). Leg deine Hände darauf oder schau sie an und zieh dann ihre Energie mit *Bitte* und *Danke* in deinen Körper hinein. Schließ deine Augen. Du bist mit nackten Füßen unterwegs zum Brunnen des höchsten Lichts, und du bemerkst, wie der Boden unter deinen Füßen feucht und kühl ist, während deine Füße voranschreiten. Der Weg führt dich in einen lichten Wald, in dem die Tautropfen an den Zweigen hängen und leichter Nebel zwischen den Ästen schwebt. Du fühlst das feuchte Element auf deiner

Haut und atmest es über deine Nase und deine geöffneten Hautporen in dich hinein. Fühle, wie das wässrige Element in dich hineinfließt und sich in deinem Körper ausbreitet. Ist dir das Gefühl vertraut oder eher unangenehm? Die Wasserfeen bereiten dich in diesem Augenblick darauf vor, die heilige Quelle zu betreten, damit du gereinigt und erfrischt bist, wenn du ankommst. Öffne dich für den Nebeltau in deinem Körper und sei bereit, auch deine Zellen zu öffnen, damit das heilige Wasser in deine verborgensten Winkel hineinfließen kann. Alle Zellmembranen öffnen sich, und der Nebeltau strömt hinein und vermischt sich mit deinem Zellwasser. Lass es einfach geschehen. Was fühlst du? Unruhe? Freude? Neugierde? Reinigung? Erfrischung? Die lichtvollen Wasserwesen reinigen dein Zellwasser und deine Emotionen und werden sie in reine Freude und Kreativität verwandeln, wenn du bereit dazu bist. Atme tief ein und fühle jeden Schritt auf dem feuchten kühlen Boden, jeden Schritt, der dich näher zur Quelle der Klarheit bringt. Der Wald ist nun etwas dunkler geworden, sodass du das Leuchten dort vorn auf der Lichtung deutlich erkennen kannst. Gleißendes Licht, das dich magisch anzieht. Du spürst, dass auch dieses Licht ein feuchter Nebel ist, in den Farben des Regenbogens glitzernd. Ein Nebel, der seine Strahlen zu dir aussendet und mit deinen Zellen kommuniziert. Du wirst förmlich nach vorn gezogen, bis du ein Rauschen und Strömen hörst. Du kannst gar nichts tun, deine Füße heben sich etwas vom Boden ab, und wie ein Magnet zieht dich das Wasser der Quelle zu sich hin. Selbst wenn du es wolltest, könntest du es jetzt nicht mehr verhindern, hineingezogen zu werden, schon tauchst du mit deinem ganzen Körper ein in den Strudel. Das Wasser schlägt über dir zusammen, und du wirst weiter hineingezogen. Strömen, Tosen, Fließen, Rauschen, wie kleine Kraftwerke arbeitet das Wasser an deinem Körper, während auch in deinen Zellen eine kraftvolle Reinigungs- und Säuberungsarbeit beginnt. Du siehst, was alles in das Wasser hineingespült und von ihm gereinigt wird. Vielleicht dunkle Schlacken oder harte Brocken, und du lässt auch unangenehme Gefühle einfach mit hineinspülen. Alles, was an Schmutz ins Wasser hineingeht, löst sich sofort auf, sodass das Wasser gleich wieder rein und klar ist.

SCHWUBI DI FA.
SCHWUBI DI FA.
SCHWUBI DI FA.

Am Ende bist du gut durch- und weichgespült, und mit Schwung spült dich die Quelle wieder an Land, sodass du auf weichem Moos landest und dich einen Augenblick erstaunt ausruhen kannst. Ist noch alles „dran" an mir? Nun bin ich generalgereinigt, innen und außen ganz und gar sauber. Alles Alte und Verhärtete ist einfach weggespült. Es fühlt sich vielleicht noch etwas ungewohnt an, aber nach einiger Zeit wirst du merken, wie rein und verändert du dich fühlst und wie viel Platz jetzt geschaffen wurde für Frische, Leichtigkeit, Kreativität und neue schöne Aktivitäten in deinem Leben. Atme tief ein und sei ganz klar im Hier und Jetzt.

Nun lass dir von deinen heiligen Wasserwesen eine Zahl von 1 bis 8 eingeben und lies im Anschluss an das Ritual deine persönliche Botschaft (→ Seite 167ff.) zu Litha. Atme tief ein und sei ganz klar im Hier und Jetzt. *Habt Dank für Führung und Reinigung, ihr klärenden Wasserquellkräfte in mir!*

Entscheidung im Lichte des Sommers

Leg die Kristallkraft für Litha bereit (→ Seite 166). Leg deine Hände darauf oder schau sie an und zieh dann ihre Energie mit Bitte und Danke in deinen Körper hinein. Schließ deine Augen. Stell dir eine Situation vor, die dir unklar ist, die dich immer wieder beschäftigt oder dir Angst und Sorgen bereitet. Leg diese Szene in der Vorstellung in deine beiden geöffneten Hände und schau die Situation an, wie sie in deinen Händen liegt. Was siehst du? Schau einfach hin, ohne etwas zu bewerten oder ändern zu wollen. Welche Gefühle kommen an die Oberfläche, wenn du die Szene anschaust? Lass auch die Gefühle und Emotionen einfach nur da sein. Atme tief ein, und bitte nun das Licht des Sommers, in deine Hände hineinzustrahlen und die Situation zu erhellen. Du siehst, wie sich ein Lichtball von oben herab bis in deine Hände hineinsenkt und die Szene einhüllt in reines, goldenes oder weißes Licht. Das Licht hüllt nicht nur ein, sondern durchdringt alles, was du in Händen hältst mit seiner Sonnenkraft. Es fühlt sich ganz warm, prickelnd und sanft an.

PAKA TU PAS.
PAKA TU PAS.
PAKA TU PAS.

Licht und das Strahlen der Farben helfen, Altes loszulassen.

Nach einiger Zeit zieht sich die Lichtkugel wieder zurück und verschwindet immer mehr in Richtung Himmel. Du schaust wieder auf die Szene in deinen Händen. Was hat sich verändert? Wie ist dein Gefühl jetzt dazu? Fühle und schau.

Du kannst jetzt eine Entscheidung treffen. Möchtest du die geklärte, durchlichtete Situation in dein Herz nehmen, damit alles durch die Kraft der Transformation weiterwachsen kann? Dann tu dies jetzt, indem du deine Hände auf dein Herz legst und alles hineinströmen lässt. Oder du entscheidest dich jetzt, völlig loszulassen und alles den Kräften des Himmels zu übergeben. Dann tu dies jetzt, indem du deine Hände nach außen öffnest und den Inhalt zum Himmel hinaufwirfst, bis nichts mehr in deinen Händen zurückbleibt. Alles ist gut und gleichberechtigt, Hauptsache, du triffst deine Entscheidung. Du kannst dies noch mit anderen Situationen oder Anliegen tun, die dich beschäftigen.

Lass dir vom Licht des Sommers eine Zahl von 1 bis 8 eingeben und lies im Anschluss an das Ritual deine persönliche Botschaft (→ Seite 167ff.) zu Litha. Atme tief ein und sei ganz im Hier und Jetzt. *Habt Dank für eure Führung, ihr Lichtkräfte in mir!*

Pflanzen, die sich zum Schmücken, Räuchern und Wertschätzen an Litha eignen, sind: Königskerze, Johanniskraut, Beifuß, Mariengras, Engelwurz, Rose, Haselnussruten, Rainfarn, Dost.

LITHA | SOMMERSONNWEND
FRUCHTBARKEIT

Deine persönliche Botschaft zu Litha

Zahl 1 – Die Mäßigung

Du hast in deinem Leben viele Verdienste erworben, auf die du stolz sein kannst. Vielleicht bist du sogar in der Öffentlichkeit bekannt oder hast viele Anhänger, die dir folgen. Wenn dir zur Zeit auffällt, dass du vermehrt Kritik ausgesetzt bist, dann liegt dies daran, dass das richtige Maß für dein Auftreten und deine Aktionen unbemerkt verloren gegangen ist. Ziehe dich etwas zurück und nimm eine kleine Auszeit. Besinne dich in diesem Rahmen auf die Tugend der Bescheidenheit, die gerade für von Erfolg verwöhnte und angesehene Menschen sehr wertvoll ist, weil damit der nächste lichtvolle Schritt, der im Einklang mit den kosmischen Gesetzen stattfinden sollte, viel leichter und in aller Klarheit getan werden kann.

Zahl 2 – Die Stärke

Ohne Disziplin kannst du im Augenblick nichts erreichen. Wenn du bei aller Begeisterung über deine Pläne und Visionen zu hoch über dem Erdboden schwebst, dann finde jetzt Wege, dich besser zu erden und wieder mit beiden Beinen auf dem Boden zu stehen, vielleicht indem du täglich eine halbe Stunde in die Natur gehst. Fang nicht zu viele Projekte an, die du dann nicht vollendest und mit Leben erfüllen kannst. Konzentriere dich jetzt auf das eine, das im Augenblick wichtig ist, auch wenn es dir keine Freude bereiten sollte. Werde innerlich stark, indem du Disziplin aufbringst, es zu vollenden. Dann wirst du stolz darauf sein, und das Ergebnis wird deine inneren Kraftspeicher auffüllen.

Zahl 3 – Das Abgeben

Die äußeren Lebensumstände sind ins Wanken geraten, da dies eine Zeit der Transformation und des grundlegenden Wandels ist. Materielle Dinge wie das Geld werden weniger wert, andere dafür so teuer, dass du sie nicht mehr bezahlen kannst. Du bist jetzt aufgefordert, in Kontakt mit deinem innersten Wesen zu treten und zu spüren, was eigentlich den Wohlstand in dir ausmacht. Ist es dein großes Auto oder dein Haus? Sind es die Blumen, die in deinem Garten blühen, oder der Wald, in den du jeden Tag gehst? Ist es das schöne Gespräch, das du gestern mit deiner Freundin hattest, oder die liebevolle Berührung deines Partners? Was findest du an wirklichem Wohlstand in deiner Umgebung? Was wird dir täglich geschenkt? Würdige es mehr!

Zahl 4 – Der Rückzug

Die Situation, in der du dich im Augenblick befindest, ist nicht so ungünstig, wie es auf den ersten Blick scheint. Du brauchst nur etwas Zeit für dich, um zur Ruhe zu kommen und Klarheit über dein weiteres Vorgehen zu gewinnen. Dazu solltest du etwas in den Rückzug gehen, wohl wissend, dass dies kein Eingeständnis von Schwäche ist, sondern eine weise Entscheidung, um Luft zu holen und Energie zu tanken. Überlege, wo es gut wäre, dich etwas mehr anzupassen und die Rolle des Revolutionärs aufzugeben, weil dich diese Taktik nicht voranbringt. Du hast im Inneren entschieden, deinen Weg weiterzugehen, weil du ihn als richtig erkannt hast. Das ist auch gut so. Nur ist es jetzt ratsam, die Regenzeit erst vorüberziehen zu lassen, im Wissen, dass deine Projekte auch Wasser brauchen, und indem du wartest, bis die Sonne wieder durchbricht.

Zahl 5 – Das Entgegenkommen

Deine Gefühle sind so aufgebracht, dass du dich gezwungen siehst, eine Entscheidung zu treffen. Das kann eine Trennung von deinem Partner sein, weil die Beziehung schon lang nicht mehr stimmt, oder die Suche nach einer neuen Arbeit, die deinen Neigungen besser entspricht. Auch wenn es jetzt gut ist und die Zeit tatsächlich reif ist, um eine Entscheidung zu treffen, solltest du dich besinnen, wie du den betroffenen Personen entgegenkommen kannst. Denn alles hatte seinen Sinn, und du hast daraus gelernt. Du solltest nicht verhärten, sondern wissen, dass alles, was dich umgibt und umgab, von der Liebe genährt wurde und dein Lernen auf der Erde unterstützt hat. So hab Wertschätzung, Achtung und Segen für das übrig, von dem du dich trennen möchtest, und dann triff deine Entscheidung.

Zahl 6 – Die Bewältigung

Du befindest dich in einer Ausnahmezeit, in der es stürmisch geworden ist im Leben. Viele Verhältnisse, die durch Profitgier, Gewalt, Neid, Angst und Ausbeutung entstanden sind, werden jetzt einer Zerreißprobe unterworfen. Was nicht mehr stimmig und in Harmonie mit den Grundsätzen des Lebens ist, wird jetzt kräftig durchgerüttelt und – wenn nötig – über Bord geworfen. Wenn du in dir oder in deiner Umgebung Aufruhr spürst, dann ist dies jetzt ganz normal, und du musst dir keine Sorgen machen. Alles, was sein soll, wird auch bewältigt, selbst wenn es dir manchmal zu groß und zu mächtig erscheint. Erinner dich daran, dass du nicht am äußeren Rand des Orkans bleibst, weil es hier zu turbulent ist. Geh in das innere Auge, hier ist es still, und du bist gut beschützt.

Zahl 7 – Die Fügsamkeit

Du sehnst dich sehr stark nach Freiheit. Am liebsten möchtest du aus allem ausbrechen und dich aufmachen in unbekannte Weiten. Du bist vielleicht genervt, weil viele Menschen etwas von dir verlangen oder dich unter Druck setzen, sodass du keine Zeit mehr für dich selbst hast. Du kannst sie aber nicht abschütteln, selbst dann nicht, wenn du sie nicht mehr sehen musst. Alles, was ist, ist untrennbar mit dir verbunden, selbst wenn du als Einsiedler in der Wildnis sitzen würdest. Begegnungen und der damit verbundene Austausch von Energie und Information sind immer möglich. Den Mond sehen wir auch nicht immer von der Erde aus, würde er jedoch ganz verschwinden, wäre auch das Leben auf der Erde zu Ende. So füg dich mit deinem Herzen der Gewissheit, dass du Teil des Ganzen und trotzdem ganz frei bist, die Wanderung deiner einmaligen Seele so zu gestalten, wie du dies möchtest.

Zahl 8 – Der Ausgleich

Vieles ist dir gelungen. Du kannst ihn genießen, und du hast Freude daran. Du bist jetzt aufgefordert, deine persönliche Schwingung zu erhöhen, indem du übst, dich nicht schlechter zu fühlen, auch wenn der Erfolg vermeintlich ausbleibt. Versuche, den Dingen und Geschehnissen gegenüber gleichmütig zu sein. Alles, was dunkel ist, hat auch eine helle Seite, und umgekehrt. Es ist nur eine Frage der Perspektive.

Lughnasad – Fest der Schnitterin

2. August

Fülle

Mit diesem Fest beginnt die Erntezeit. Alles, was wir gesät und genährt haben in diesem Jahr, feiert jetzt seinen Erfolg. Die Sichel als Symbol der Schnitterin zeigt, was nun zu tun ist, nämlich die reifen Früchte und das Heu zu ernten, einzubringen und die Geschenke der Natur zu verarbeiten, um Vorräte für die dunkle und kalte Zeit zu haben, die mit Sicherheit wiederkommen wird. Es kann sein, dass schon jetzt die Abende kühler werden und eine Ahnung von den kälteren Tagen bringen, auch wenn die Sonne tagsüber noch recht hitzig scheint und Kraft hat, alles verdorren zu lassen. Die Ernte ist erst in Sicherheit, wenn sie eingebracht ist. Selbst Hagel, Sturm und Regen können schnell alles Erreichte zunichte machen, so wie auch unsere fruchtbaren Projekte plötzlich einen Absturz erleben können.

So ist also in Mensch und Natur noch nicht alles gewonnen, und es bedarf weiterhin der Bitte um Schutz und Segen, damit alles in ruhigen Bahnen verläuft und die Ernte gut wird. Die Schnitterin hilft einerseits mit ihrer Sichel die Ernte einzubringen, andererseits erinnert uns das Symbol nicht zufällig an eine andere Sichel, nämlich die des Gevatters Tod. Geburt und Tod liegen eng beieinander, das sagt uns die Natur. Lughnasad huldigt dem Lichtgott Lugh, der an diesem Tag geopfert wird, um Mensch und Erde zu erlösen, damit neues Leben hervorgebracht werden kann und der Kreislauf von Leben und Tod weitergeht. Wir kennen diesen Gedanken auch aus kirchlichen Ritualen, wo im christlichen Abendmahl Brot und Wein eine enge Verbindung eingehen. Manche Völker betrachten auch die Geburt eines Kindes als einen Tod, endet doch damit der Abschnitt, in dem das Kind im Bauch der Mutter genährt wurde. Diese Zeit ist jetzt zu Ende, und ein neuer Zyklus beginnt. So ist auch das Abernten der Felder und das Pflücken des reifen Obstes von den Bäumen im übertragenen Sinn ein Tod, denn das Land und die Bäume verlieren ihre Kinder. Die dunkle Göttin des Todes fordert ihren Tribut in Form von Gegengeschenken und Opfergaben, die unabdingbar zur Ernte gehören, sonst wird sie mit Trockenheit, Gluthitze oder Überschwemmungen und Gewitterstürmen ihre zerstörerische Kraft entfalten. Ein Energie-

Wer die reichen Gaben der Natur annimmt, sollte ihr auch Dank erweisen.

ausgleich ist gefordert, wenn auch nicht unbedingt in Form von Blutopfern, die in vergangenen Zeiten auf den Feldern dargebracht wurden. Es genügt daran zu denken, dass man auf den Feldern oder in den Gärten immer etwas stehen lässt. Eine schöne Tradition war es zum Beispiel, die schönste Garbe auf dem Feld stehen oder die größten Äpfel am Baum hängen zu lassen als Dankbarkeit und Wertschätzung für die Gaben der Natur. Auch Puppen oder andere Symbole aus Kornähren können jetzt gebunden und als Opfergaben auf die Altäre oder an vorbereitete Orte wie Steinspiralen, Quellen oder Ritualplätze gelegt werden. So hat die Schnitterin ihren Dank erhalten und wird uns gnädig sein und uns die reiche Ernte gönnen. Wenn wir wollen, können wir auch roten Wein und Gaben von Brot an den Ernteplätzen ausbringen.

Mit Dankbarkeit bringen wir also die Ernte ein und machen ein schönes Fest daraus, die Gaben der großen Mutter zu verarbeiten: zum ersten Brot der neuen Ernte, zum Ritualgebäck, das aus dem frischen Korn mit Liebe gebacken wird, zu eingemachten wunderbaren Früchten. Und immer genießen wir die Fülle und teilen unsere Schätze mit anderen, die vielleicht nicht so reich beschenkt wurden wie wir. Die *Opfergabe* bedeutet auch, nicht alles egoistisch an sich zu raffen und zu horten, sondern immer auch einen Teil wieder abgeben zu können an Bedürftige. So erinnert uns diese Zeit auch an das Mitgefühl, das in der heutigen Zeit so sehr verloren gegangen ist.

Auch bei unseren Projekten, Aufgaben sowie den persönlichen und beruflichen Erfolgen geht es jetzt darum, die Spreu vom Weizen zu trennen. Was möchte ich wirklich ernten, und was ist nur unnötiger Ballast, der mich eher hindert als vorwärts bringt? Was möchte und kann ich opfern als Dank für die Begleitung der hilfreichen Kräfte durchs Jahr? Was muss jetzt sterben? Konzentration auf das Wesentliche bedeutet, im Rückblick die Essenz zu finden und notwendige Entscheidungen zu treffen, denn noch ist die Zeit der Ernte nicht beendet, ein Großteil findet ja erst noch im September statt, aber jetzt sorgen wir schon dafür, dass das Wesentliche in Ruhe reifen kann.

Die Heilpflanzen, die an Mariä Himmelfahrt zu schönen Sträußen gebunden werden, helfen uns, gesund zu bleiben. Auch für dieses besondere Geschenk danken wir der Natur von Herzen. Kräuter konzentrieren die Heilkräfte der Natur sehr gut, und wir haben sie noch später in den kälteren Zeiten in getrockneter Form für einen wärmenden Tee oder Aufguss zur Verfügung, wenn schon alles andere verzehrt oder vergangen ist und die Felder brach liegen. Wohl dem, der später einen guten Vorrat an gesegneten Kräuterbuschen in Haus und Hof aufbewahrt hat, denn der ist bestens vorbereitet, um die wilden Geister der kalten, dunklen Jahreszeit zu vertreiben.

Rituale und Seelenmeditationen

Nehmen und Geben aus dem Herzen

Heute ist der Tag, um die Schätze der Natur, die in voller Pracht gediehen sind, in Dankbarkeit für die große Mutter zu ernten und zum Ritualplatz zu bringen. So versammeln wir uns, um Kräuter zu sammeln oder Beeren zu pflücken, um Äpfel zu ernten oder das frisch gemähte Heu einzubringen. Bevor du losgehst, leg die Kristallkraft für Lughnasad bereit (→ Seite 178) und zieh deren Energie mit *Bitte* und *Danke* in deinen Körper hinein. Wenn wir dann ausschwärmen, spüren wir die Dankbarkeit in unseren Herzen angesichts der großartigen Geschenke, die die Natur uns zum Leben und Genießen zur Verfügung stellt: diese Düfte, diese wunderbaren Geschmäcker, mit denen unsere Sinne erfreut werden. Die Jungfrau des Frühlings ist zur erwachsenen Frau und Mutter geworden, und ihre Kinder sind jetzt groß. Sie ist die reife Frau, die Nährende, die ihre Gaben großzügig verteilt. So ehren wir mit unserem Gang in die Natur die reife Frau, die Mutter und die Mütterlichkeit schlechthin. Wir wissen, dass die Wertschätzung für das Stadium der Reife in unserer Gesellschaft verloren gegangen ist angesichts der einseitigen Verherrlichung der Jugend in den Medien und Köpfen der Menschen. So haben wir uns immer mehr abgespalten von den Schätzen der Reife und ihrer unendlichen Freigiebigkeit. Indem wir heute mit diesem Wissen unseren Erntegang begehen, bringen wir die Achtung und Wertschätzung an diesen wichtigen Punkt des Jahreskreises zurück. Mit jedem Kraut, jeder Frucht, jedem Zweig, den du der Natur entnimmst, beginnst du eine achtsame Kommunikation und fragst sie, ob es in Ordnung ist, wenn du sie mit dir nimmst. Vor der Ernte segnest du die Pflanze bis zurück zu ihrem Ursprung als Samen und wünschst ihr Schutz und gutes Wachstum. Dann dankst du für die Gabe. Wenn das Sammeln beendet ist, trefft ihr euch wieder am Ritualplatz und legt die Geschenke der Natur zu einem Kreis oder einer Spirale aus. Der Kreis symbolisiert den ewigen Kreislauf der Schöpfung und die Spirale die Gesetze der Bewegung des Universums. Haltet nun in der Gruppe eure Hände über die Gaben und sprecht ein Dank- und Segensgebet oder auch stellvertretend die magischen Dankesworte

SHAMBALA MA JI.
SHAMBALA MA JI.
SHAMBALA MA JI.

Lass dir dann von der Kraft der Reife eine Zahl von 1 bis 8 eingeben und lies im Anschluss an das Ritual deine persönliche Botschaft (→ Seite 179ff.) zu Lughnasad. *Habt Dank für eure Gaben, ihr Kräfte der Fülle in mir!*

Nach den Worten der Segnung und des Dankes feiert zusammen ein schönes Fest und genießt die Gaben des Sommers. Teilt das Brot und Gebäck oder die Früchte und das zubereitete Essen, das ihr mitgebracht habt, untereinander auf. Vollzieht diesen Vorgang des Gebens, Nehmens und Austeilens ganz bewusst. Gebt anschließend auch einen Teil dessen, was ihr erhalten habt, weiter an die, die nichts haben. Nehmt stellvertretend dafür das kleine Volk der Naturwesen her und verteilt Brot, Schokolade, Wein oder Früchte unter den Büschen oder Steinen. Lebt und handelt in der Schwingung der Liebe und des Mitgefühls.

Ein Opfer bringen

Leg die Kristallkraft für Lughnasad bereit (→ Seite 178). Leg deine Hände darauf oder schau sie an, und zieh dann ihre Energie mit *Bitte* und *Danke* in deinen Körper hinein. Schließ deine Augen. Du siehst vor deinem geistigen Auge ein riesiges Kornfeld, das sich endlos in die Weiten der Landschaft erstreckt. Leicht raschelnd wogen und biegen sich die goldenen Ähren im Sommerwind. Es kommt dir vor, als würde diese ganze Fläche, die von der Sonne in gleißendes Licht getaucht ist, aus purem Gold bestehen. Gold, das du essen kannst, Gold, das dich nährt mit Kraft, Freude und Lebensenergie. Du riechst das Gold des Kornfeldes und ziehst es über deine Nase bis in deinen Kopf hinein, wo es sich ausbreitet in dein Gehirn und weiter bis in alle Nervenstränge, Gehirnwindungen und nährenden Flüssigkeiten, die dein Gehirn versorgen.

Mit jedem Atemzug saugst du das pure Gold der Erde von diesem Kornfeld in deinen Kopf hinein. Du bemerkst, dass nun auch deine Gedanken vom gleißenden Licht des Goldes überflutet und liebevoll eingehüllt werden von den unendlich freigiebigen Schätzen der reifen Natur. Überall Gold in deinem Kopf, in allen Gehirnwindungen, allen Nervenzellen, allen Gedanken, allen Gefühlen – alles pures, fließendes Gold. Mit jedem Atemzug ziehst du noch mehr von diesem natürlichen Gold in dich hinein, bis du das Gefühl hast, dass dein Kopf bis an den Rand von diesem Überfluss voll ist. Du bemerkst, dass du jetzt nicht noch mehr Gold einfüllen kannst in dein Gehirn, und du musst einen Entschluss fassen. Du kannst die Begrenzungen deines Schädels nach außen öffnen, damit das Gold hinausströmen kann. Fühle einen Augenblick, welche Gefühle auftauchen bei dem Gedanken, die Schätze, die du jetzt in deinem Kopf beherbergst, wieder nach draußen zu lassen. Lass diese Gefühle einfach nur da sein, ohne sie bewerten, steuern oder unterdrücken zu wollen. Es ist in Ordnung. Dennoch sollst du jetzt eine Entscheidung treffen, ob du bereit bist, deinen Kopf zu öffnen und deine Schätze nach draußen zu geben. Wenn ja, dann tu dies jetzt. Öffne also die Poren deines Schädels, sodass der Druck, der durch das Einatmen des Goldes entstanden ist, entweichen kann. Lass los und fühle, wie die goldene Energie nach außen strömt und sich in die Umgebung verbreitet. Wenn du das einfach geschehen lässt ohne Angst, etwas zu verlieren, wirst du bemerken, dass etwas wie ein goldener Hei-

Getreide – das pure Gold der Mutter Erde.

ligenschein um deinen Kopf herum entsteht, gleich einem goldenen Nebel, der deinen Kopf einhüllt. Je mehr Gold aus deinem Kopf nach außen strömt, desto größer, stabiler und pulsierender wird dieses goldene lichte Feld. Sobald du Angst hast, etwas von deinem inneren Gold zu verlieren, werden sich die Poren schließen, und dein Lichtfeld wird wieder geschwächt. Lass die Poren deshalb einfach geöffnet, und hab Vertrauen in die goldene Weisheit der Fülle und Reife. Wenn du einfach weiteratmest, wirst du nach einiger Zeit feststellen, dass ständig neues Gold, genährt von den Schätzen der Natur, in dich hineinströmt, denn das Kornfeld ist unermesslich groß, und es wird ständig erneuert von der Kraft der göttlichen Schöpfersonne unseres Universums. Über den Atem der Schöpfung bist du angebunden an das ewige Geben und Nehmen, das in Wirklichkeit eins ist.

OM KATA LAN.
OM KATA LAN.
OM KATA LAN.

Lass dir dann von der goldenen Schöpferkraft eine Zahl von 1 bis 8 eingeben und lies im Anschluss an das Ritual deine persönliche Botschaft (→ Seite 179ff.) zu Lughnasad. *Habt Dank für eure Führung, ihr Leuchtkräfte in mir!*

Besuch bei Gott Lugh

Leg die Kristallkraft für Lughnasad bereit (→ Seite 178). Leg deine Hände darauf oder schau sie an, und zieh dann ihre Energie mit *Bitte* und *Danke* in deinen Körper hinein. Du kannst dich für diese Reise auf den Boden legen. Schließ deine Augen. Spür den Boden unter deinem Körper und wie deine Schultern, dein Rücken, deine Arme und Beine auf ihm liegen und die Schwerkraft dich anzieht. Werde gewahr, dass du eigentlich auf einem Schwan liegst, gebettet in ein Kleid aus weichen, schwarzen und weißen Federn. Der Schwan ist so groß, dass dein ganzer Körper gut auf ihm Platz hat. Greif mit deinen Händen in seine Federn hinein und fühle die festen Federkiele und glatten Strukturen der seidigen Federn. Während du so auf ihm liegst, erhebt sich der Schwan, und du schwebst leicht über dem Boden. Du lässt dich auf den Federn des Schwans einfach tragen, der dich immer höher nach oben trägt in Richtung der Wolken, die du über dir wahrnimmst. Eine große, graue Wolke über dir rückt immer näher an dich heran, während der Schwan dich höher und höher in den Himmel hineinträgt. Die graue Wolke sieht nach Regen aus, aber je näher du herankommst, desto deutlicher siehst du, dass auf einer Seite auch ein Sonnenstrahl hindurchblinkt. Jetzt bist du so nah an der Wolke, dass du die Konturen und ihre Größe nicht mehr wahrnehmen kannst, und du spürst das dichte, kühle Kraftfeld der Energie, das von ihr ausgeht. Aus dem Grau und dem Licht der Wolke formt sich im Zentrum eine Gestalt, und du weißt, es ist Gott Lugh, dem du hier begegnest. Sanft schwebend vor dem Gott des Lebens hält der Schwan inne, sodass du dich leicht aufrichten und Gott Lugh genauer betrachten kannst. Ist er dir vertraut oder völlig unbekannt? Fühlst du dich wohl oder unsicher? Wenn du bereit bist, kannst du Gott Lugh, dem Gott der Schöpfung, deine Frage stellen. Die Frage, wie du die Schöpferenergie in deinem Leben auf beste Weise manifestieren kannst. Gott Lugh gibt dir zwei Antworten mithilfe des Regens auf der einen Seite der Wolke und der Sonne auf der anderen Seite. Zunächst schaust du auf die rechte Seite von Lugh, wo sich die dichte graue Regenschicht befindet. Du siehst, wie eine Form, ein Symbol, ein Wort oder ein Satz für dich aus dem Regen auftaucht. Es ist die Botschaft, die jetzt als Erinnerung aus der Dunkelheit für dich am wichtigsten ist. Du nimmst die Botschaft dankend in Empfang und verankerst sie in deinem Herzen. Dann schaust du auf die linke Seite

Regenbogen – das leuchtende Kind von Sonne und Regen.

von Lugh, wo sich die Sonnenstrahlen zeigen. Auch hier siehst du, wie eine Form, ein Symbol, ein Wort oder ein Satz für dich aus dem Licht der Sonne auftaucht. Es ist die Botschaft, die jetzt als Erinnerung aus der Helligkeit für dich am wichtigsten ist. Du nimmst auch diese Botschaft dankend an und verankerst sie in deinem Herzen. Leg beide Hände auf dein Herz und fühle, wie hier die Botschaft der Dunkelheit und die Botschaft des Lichtes zur reinen Wahrheit verschmelzen.

OM SWASTI KA.
OM SWASTI KA.
OM SWASTI KA.

Lass dir von Gott Lugh eine Zahl von 1 bis 8 eingeben und lies im Anschluss an das Ritual deine persönliche Botschaft (→ Seite 179ff.) zu Lughnasad. *Hab Dank für deine Führung, Gott des Lebens in mir!*

Erinnere dich, dass du auf dem weichen Federkleid des Schwanes liegst, der dich jetzt sanft schwebend wieder zur Erde hinunterträgt, wo du mit einem tiefen Atemzug im Hier und Jetzt ankommst.

Pflanzen, die sich zum Schmücken, Räuchern und Wertschätzen an Lughnasad eignen, sind: Königskerze, Johanniskraut, Beifuß, Mariengras, Engelwurz, Rosenblätter, Rainfarn, Früchte und Beeren, Apfelzweige.

LUGHNASAD | FEST DER SCHNITTERIN
FÜLLE

Deine persönliche Botschaft zu Lughnasad

Zahl 1 – Das Gelingen

Dein Leben steht unter einem guten Stern. Vieles ist dir schon gelungen, und du hast die innere Befähigung, Großartiges zu leisten. Die Belohnungen in Form von Besitz und Wohlstand kannst du gern nutzen und genießen. Sei dir aber im Klaren darüber, dass alles, was du zu sehr festhältst, sich dagegen wehren wird und dass du dann unter Umständen mehr gehen lassen musst, als du möchtest. Teile das, was du hast, mit anderen, denen es vielleicht nicht so gut geht, drücke auch mal ein Auge zu und lass Dinge auf sich beruhen, die dir nicht wirklich fehlen werden, auch wenn du sie eigentlich einfordern wolltest. Lern aus den Dingen und aus allem Unrecht, das dir geschieht. Lass dich nicht ausnutzen, aber beharre nicht stur auf dem, was du jetzt nicht leicht bekommen kannst.

Zahl 2 – Das Lernen

Du hast in der Vergangenheit viele Erfahrungen gemacht, und wenn du zurückblickst, denkst du, dass du jetzt vieles anders machen würdest. Manche Dinge bereust du oder trauerst Zeiten nach, in denen „es besser war". Du sollst wissen, dass es eigentlich keine Vergangenheit, Gegenwart und Zukunft gibt, sondern dass alles im Hier und Jetzt geschieht und dass dies auch für alle Erinnerungen und Prägungen gilt. Wenn du etwas entdeckst, das dich an die Vergangenheit fesselt, so ist jetzt die beste Zeit, dies loszulassen. Wertschätze dich und ehre dich für deine Bereitschaft, hier auf Erden zu lernen, denn damit sagst du bedingungslos *Ja* zum Leben. Alles, was du gelernt und erfahren hast, macht dich reicher und bringt dich dem kosmischen Verständnis näher, dass alles eins ist mit dem großen Ganzen. So sei jetzt mit deinem vollen Bewusstsein im Hier und Jetzt, denn nur hier kann Heilung stattfinden.

Zahl 3 – Der Einklang

Stell dir vor, du spielst in einem großen Orchester. Vielleicht spielst du sogar die erste Geige. Du bist sehr gut in deinen Fähigkeiten, weswegen man dich in dieses wunderbare Team geholt hat. Wenn du wolltest, könntest du noch viel lauter und schneller spielen, so virtuos beherrschst du dein Instrument. Was aber würde passieren, wenn du das machen würdest? Das Stück würde unstimmig klingen, und die Zuhörer wären schnell irritiert. Reflektiere also deine jetzige Situation, überprüfe, ob dein Tempo stimmt. Schau auf alle Beteiligten, ob sie mitkommen oder ob du sie schon abgehängt hast. Überprüfe deine Lautstärke! Passt sie, oder kannst du niemand mehr hören, der vielleicht mit seiner leisen Stimme eine wichtige Botschaft für dich hat? Spiele im Einklang mit allen deinen Mitspielern.

Zahl 4 – Das Loslassen

Geht es gerade nicht mehr so gut voran in deinem Leben? Stocken deine Beziehungen oder dein Geldfluss, oder sind deine Vorhaben und Projekte zäh? Dann sieh dir jetzt genauer an, wo sich der Staudamm in deinem Leben befindet, an dem sich das Wasser deiner Gefühle zurückstaut. Was und wer hat diesen Staudamm verursacht? Vielleicht die Prägung durch deine Eltern oder noch früherer Vorfahren? Bring deine angestauten Gefühle ins Fließen, indem du deinen Ahnen – bei aller Wertschätzung für ihre Leistung – sagst, dass du dieses Staubecken nicht mehr brauchst. Dann räum es weg und sieh zu, dass das Wasser frei abfließen kann. Schwimm mit dem Strom deines eigenen Lebens mit und überlass es dem Wasser, hängen gebliebene Äste und Schlamm der Vergangenheit mit sich fortzutragen.

Zahl 5 – Die Familie

Jeder Mensch stammt von einer Familie, einer Sippe oder einer Gemeinschaft ab, von vielen Menschen, die vor ihm waren und deren Informationen und Erfahrungen in unserem genetischen Speicher verankert sind. Du hast sogar eine noch viel größere Seelenfamilie, die du auf deiner Wanderung durch die Inkarnationen kennen- und lieben gelernt hast. Zwar musstest du diese Familie immer wieder verlassen, aber jetzt erinnern dich die Deinen daran, dass du wie mit goldenen Fäden mit allen verbunden bist. Wenn du Sorgen und Nöte hast, dann ruf diejenige Person aus deiner Familie an, die dir jetzt am besten helfen kann.

Zahl 6 – Die Auflösung

Es ist Zeit, dass du deine innere Isolation und Erstarrung, die sich in manchen Zellsystemen festgesetzt hat, heilst und dich in die Gemeinschaft Gleichgesinnter begibst. Lass davon ab, alles allein machen zu wollen, weil du vielleicht glaubst, dann ginge alles schneller oder besser voran. Dadurch hast du dich nur in eine von dir und anderen abgetrennte Situation gebracht, die das fließende Element in dir und deine Beweglichkeit erschwert. Aus Starre wird aber Krankheit erzeugt, auch körperlicher Art. Andere Menschen können dir Anregungen, Spaß und Freude vermitteln und erstaunliche Erkenntnisse bringen. Vielleicht triffst du demnächst einen Menschen – oder hast ihn vor Kurzem bereits getroffen –, der dich überrascht hat und dessen Botschaft du jetzt erkennst.

Zahl 7 – Die Anmut

Alle Dinge, die auf dieser Erde geschehen, haben einen Inhalt, den man nicht immer sehen kann, und eine Form, die wir nicht mit unseren menschlichen Sinnen wahrnehmen können. Der Inhalt speist sich über unsere Träume, Visionen und Ideen ein und wird konkreter, wenn wir ihn mit unseren Gedanken anfüllen. Was dabei an Sichtbarem herauskommt, ist das Ergebnis dieses Inhalts, der sich in eine schöpferische Form gebracht hat. Wenn dieses sichtbar Gewordene für dich nicht ganz stimmig ist oder gar nicht so, wie du es geplant hattest, dann kannst du dieses Ergebnis in die Schwingung der Anmut einhüllen, damit alles weicher aussieht. Stell dir vor, wie Freundlichkeit, Lächeln und Zartheit in die Form hineinfließen. Du wirst über die Reaktionen erstaunt sein.

Zahl 8 – Die Sammlung

Für das, was du jetzt an Wichtigem in die Welt bringen sollst, ist es notwendig, alle verfügbaren Kräfte zu vereinen. So geh in die Stille, blick in dein Inneres und sammle zunächst einmal alle deine Kräfte, damit sie dir gebündelt zur Verfügung stehen. Dann stell dir deine Familie vor, deine Ahnen, deine Sippe, deine Seelenbegleiter, deine Engel, Krafttiere oder sonstigen geistigen Helfer, und bitte sie, sich um dich herum zu versammeln. So weißt du, dass du und ihr jetzt alle Kräfte versammelt habt, um das große Werk zu vollbringen.

Mabon – Herbst-Tagundnachtgleiche

20. bis 23. September

Dankbarkeit

Um den 21. September herum hält die Erde wiederum kurz den Atem an, bevor die dunklen Nächte länger werden. Die Erntezeit ist jetzt beendet, die Vorräte sind eingebracht, und der Wettergott war uns hoffentlich gnädig, sodass es eine gute und reichliche Ernte geworden ist. Bevor die Herbststürme übers Land wehen und die ersten Fröste sich bemerkbar machen, haben wir noch genügend Gelegenheit, die Freude über unsere Schätze und die Gaben der Erde auszudrücken. Jetzt ist die Zeit der Dankbarkeit an die große, nährende Mutter.

Gleichzeitig ist dies die Zeit, in der wir ein Resümee ziehen, ob wir einen fruchtbaren Samen gelegt hatten und diesen auch genügend genährt haben. Jetzt haben wir die Früchte unserer Schöpfungen geerntet, und wir sehen, ob sie sich als Vorrat für die Zukunft eignen. Alles, was noch etwas dürftig ist, muss überprüft werden, ob es genügend Gehalt hat, den Winter zu überleben. Bei der Betrachtung der Ergebnisse dieses Jahres in Beruf, Partnerschaft, Freundschaften und spiritueller Entwicklung dürfen wir lernen, was zu weiterem Wachstum führen kann oder wo wir im nächsten Jahr etwas korrigieren sollten.

Für die Konzentration auf Unzufriedenheit sollte jetzt nach Möglichkeit kein Raum bleiben. Denn es haben uns viele Menschen, Engel, Naturwesen und die große Mutter Gaia selbst durch das Jahr begleitet und uns reich beschenkt. So ist dies die Zeit der positiven Reflexion, und wir sagen allen Kräften und allen Menschen Danke, die uns in diesem Jahr geholfen haben. Auch wir selbst sind ein Teil der großen Mutter Erde und beschenken das Leben mit unserem Sein und unserem Tun, auch wenn wir nicht immer alles richtig gemacht haben. Die Erde verzeiht wie eine liebende Mutter, wenn ihre Kinder unartig sind, denn sie versteht die Verletzungen, aus denen Wut, Neid, Trauer und Egoismus entstehen. Wir alle sind ihre lernenden Kinder, sie nährt uns ohne Unterschied, und wenn sie einmal wütend ist, merken wir das anhand tosender Stürme, peitschenden Regens, Feuer speiender Lava oder der aufbrechenden Erdkruste. So rüttelt sie uns wach, wenn wir es gar zu wild getrieben haben und nicht mehr daran denken, dass sie auch nur eine Mutter ist.

Wie könnte man angesichts solcher Geschenke nicht dankbar sein?

Wenn wir genau hinhören auf den Atem der Mutter, dann hören wir ihre Anerkennung und ihr Lob für unsere Leistungen, unser Engagement und unsere Bereitschaft, unseren und ihren Körper zu ehren, Lob, dass wir die Achtsamkeit für alles, was existiert, wieder in unser Leben lassen, Lob, dass wir unser Mitgefühl mit den Geschöpfen der Erde vermehren wollen. Sie ist zufrieden mit uns, und daher dürfen wir das jetzt auch einmal sein!

Während wir noch einkochen, Marmelade machen, Brot backen und Vorräte anlegen, zeigt sich die Natur noch einmal in ihrer großen Farbenpracht und Fülle. In diesem rot-orange-goldfarbenen Leuchten feiern wir die Pracht des späten Sommers mit gutem Essen, Trinken und dem Austauschen unserer Schätze. Wir teilen miteinander, lassen probieren und loben uns gegenseitig, wie gut alles schmeckt. Es macht glücklich, die Ernte einzubringen und genügend Vorräte für später zu haben.

So sind die Erntedankfeuer, die wir jetzt entzünden, gleichzeitig Dank für die reichlichen Gaben der Natur und Symbol für das langsame Abschiednehmen von der lichten Seite des Jahres. Es wird Zeit, sich von der Hektik zu verabschieden und sich auf die Reise in die inneren Welten zu begeben. Wir tun dies in dem Wissen, dass die Dunkelheit die andere Seite des Lichtes ist und dass der neue Samen für das kommende Jahr nur in der Tiefe und im Schutz der Mutter Erde reifen kann.

Rituale und Seelenmeditationen

Vorsorge für die dunkle Zeit

Leg die Kristallkraft für Mabon bereit (→ Seite 190). Leg deine Hände darauf oder schau sie an und zieh dann ihre Energie mit *Bitte* und *Danke* in deinen Körper hinein. Du hast dich für eine Wanderung zurechtgemacht, deine Wanderschuhe angezogen und einen Rucksack auf dem Rücken, den du mit den wichtigsten Dingen für deine Reise gefüllt hast: mit Essen oder Trinken oder mit wetterfester Kleidung, falls sich das Wetter ändern sollte. Du kennst den Anfang des Weges, nicht aber den genauen Verlauf, denn du bist diesen Weg noch nie gegangen. Du überprüfst den Inhalt deines Rucksackes und musst dich jetzt entscheiden, ob du für alle Eventualitäten gerüstet bist. Notfalls kannst du jetzt noch etwas hineintun oder herausnehmen, dann geht die Wanderung los.

Du betrittst einen leicht hügeligen Weg, der rechts und links von Wiesen und Steinen gesäumt ist. Ab und zu siehst du einige Büsche und vielleicht Kühe, die hier grasen. Der Weg ist wegen der Wurzeln und Steine etwas uneben, aber du hast ja gute Schuhe an. Der Weg führt dich hinunter in ein ebenes Tal und wieder etwas steiler hinauf in die Hügel. So gehst du eine Weile bergauf und bergab und siehst dir die Landschaft an und den Weg, den du hier gehst.

Du bist die ganze Zeit den gleichen Weg gegangen und kommst jetzt an eine Wegkreuzung. Du bleibst stehen und schaust dir die Schilder an, die in verschiedene Richtungen zeigen. „Ort der Muße und Beschaulichkeit" steht auf dem einen Schild, „Ort der Aktivität und Fülle" auf dem anderen. Nun musst du dich entscheiden, welchen Weg du nehmen willst, denn nur ein Weg führt dich zu deinem Ziel. Wenn du dich nicht entscheiden kannst, leg deinen Rucksack kurz ab und knie dich auf den Boden. Leg deine Stirn auf die Erde und fühle den Rat der Mutter.

Nun, da du ihre Stimme gehört hast, stehst du wieder auf und gehst denjenigen Weg weiter, für den du dich entschieden hast. Wie fühlst du dich jetzt? Bist du unsicher, ob die Entscheidung richtig war? Oder vertraust du darauf, dass es der richtige Weg ist? Oder bist du ganz sicher, dass es dein Weg ist? Lass die Gefühle, wie sie sind. Du schreitest weiter voran, gehst an Wiesen und Feldern vorbei, über Hügel und Täler. Hier beginnt sich die Landschaft zu verändern, und links und rechts von dir tauchen immer mehr dunkle Nadelbäume auf, die sich zu einem immer dichteren Wald zusammendrängen. Die Luft um dich herum wird feuchter und kühler, während du auf dem Pfad in der Mitte dieses dunklen Waldes weiterschreitest. Immer dichter rücken die Bäume an deinen Pfad heran, und ab und zu streift ein Ast dein Gesicht oder bleibt an deinem Rucksack hängen. Auch die Wurzeln unter deinen Füßen werden knorriger und ragen spitz aus dem Boden, sodass du ab und zu daran hängen bleibst und stolperst. Du musst diesen Weg noch achtsamer gehen, da du ihn nicht kennst.

Der Tag ist vorangeschritten, das Licht wird spärlicher, und du fragst dich, wann du wohl dein Ziel erreicht haben wirst und ob dieser Ort, den der Wegweiser dir versprach, überhaupt existiert und ob du dich vielleicht verlaufen hast. Angesichts der sinkenden Sonne fragst du dich auch, was passiert, wenn die Nacht hereinbricht und du hier im dunklen Wald bleiben musst. Hast du für die Nacht vorgesorgt? Noch einmal spürst du, wie es dich zu einer Entscheidung drängt: Umkehren oder weitergehen? Vielleicht ist es schon zu dunkel. Hier bleiben, bis der Tag anbricht, oder einfach weitergehen im spärlicher werdenden Licht? Werden deine Kräfte reichen? Du entscheidest dich jetzt, was du tun wirst. Und das tu jetzt auch. Geh zurück, oder bleib hier oder geh voran.

Plötzlich siehst du, wie genau hier, wo du dich jetzt in diesem Augenblick befindest, ein Licht aufflackert. Das Licht wird größer, und es beleuchtet mit sanftem Schein ein Schild, dessen Aufschrift jetzt deutlich zu sehen ist: „Ort der Muße, Beschaulichkeit, Aktivität und Fülle." Du hast dein Ziel erreicht. Du fühlst, wie dein Herz klopft und die Erkenntnis in dir Raum greift: „Ich bin immer richtig, wo immer ich auch bin."

MABON MAHA.
MABON MAHA.
MABON MAHA.

Lass dir von deinen inneren Wegweisern eine Zahl von 1 bis 8 eingeben und lies im Anschluss an das Ritual deine persönliche Botschaft (→ Seite 191ff.) zu Mabon. *Hab Dank für deine Führung, Weg des Lebens in mir!*

Rückblick und Dank an die Erde

Leg die Kristallkraft für Mabon bereit (→ Seite 190). Leg deine Hände darauf oder schau sie an und zieh dann ihre Energie mit *Bitte* und *Danke* in deinen Körper hinein. Mit geschlossenen Augen machst du eine Reise zurück in deine Kindheit.

Du siehst dich als Kind, wie du aussiehst, welche Kleider du trägst, welche Schuhe. Du siehst die Umgebung, in der du dich befindest, den Wohnraum oder die Wiese oder wo immer du bist. Du schaust nach vorn, und da kommt deine Mutter auf dich zu. Du siehst diese Frau, die dir einst das Leben geschenkt hat, wie sie näher kommt. Sie steht jetzt vor dir, direkt dir gegenüber. Du schaust sie an und sie dich. Ihr blickt euch tief in die Augen, jenseits dieser Welt, und du spürst, wie du ihre Seele berührst, indem du hinter ihre weltlichen Augen blickst. Vielleicht hast du dich in diesem Leben nicht besonders gut mit deiner Mutter verstanden, vielleicht sind Schmerz und Trauer mit ihr verbunden. Jetzt aber blickst du in den wahren Urgrund deiner Mutter hinein, dieser großen weiblichen Energie, die dir das Leben geschenkt und dich genährt und durch dein Leben begleitet hat, so gut sie es konnte. Du siehst die ganze Wahrheit der Mutterseele in ihren Augen, und du wirst einen tiefen See finden, in dem du dich selbst anschauen kannst. Steh am Rand des Sees und blick in das glatte, spiegelnde Wasser hinein. Du erkennst dich selbst. Schau in dein Gesicht, schau dich genau an, verschließe deine Augen nicht vor der Wahrheit, die du jetzt siehst. Es mögen für dich hässliche Bilder sein oder schöne, du magst alt sein oder jung, es spielt keine Rolle. Welche Geschichte steht in deinem Gesicht geschrieben? Welche Erfahrungen zeichnen sich in den Linien und Falten ab? Welchen Ausdruck hast du festgehalten? Spür, wie deine Seelenmutter hinter dir steht und dich sanft an der Schulter berührt. Sie ist da für *dich*, sie bietet dir Hilfe an und Begleitung, wenn du nach Hilfe verlangst oder Rat und Nahrung brauchst. Sie kennt die Gesetze des Werdens und des Vergehens, sie hat dich geboren, und am Ende wird sie dich wieder in ihren Leib zurücknehmen, ganz gleich, was du gedacht, gefühlt oder getan hast gegen sie oder gegen dich selbst. In diesem Augenblick berührt sie dich, und du darfst ihre Hilfe annehmen. Formuliere deine Bitte an sie, und sie wird sie erfüllen. Nimm die erste Bitte, die sich in dir formt und sprich sie aus. Sag deiner Mutter, was du jetzt brauchst, und sie wird es dir geben, so wie eine Mutter selbstverständlich ihr Kind nährt, ohne nach Recht

Erkennen und loslassen im Spiegelbild des Sees.

und Unrecht zu fragen. Nimm jetzt ihre Gabe mit Dankbarkeit an und lass sie in deinen Bauch und in dein Herz hineinfließen oder an den Ort in deinem Körper, der diese Nahrung am meisten benötigt.

OM BATA MAMA.
OM BATA MAMA.
OM BATA MAMA.

Nach einiger Zeit des Fließens und Geschehenlassens öffnest du deine inneren Augen und blickst in den See hinein. Du siehst dein Gesicht und erkennst im Spiegel des Sees, dass deine Mutter noch immer hinter dir steht, lächelnd, liebend und voller Mitgefühl. Du betrachtest dein Gesicht im glatten See und siehst, wie es sich verändert hat. Was hast du jetzt für ein Gefühl, wenn du dich selbst anschaust? Bist du ruhig, im Frieden mit dir und deinem Sein, oder gibt es noch etwas Spezielles, das dein Herz zum Klopfen bringt? Sei dir sicher, du kannst jederzeit an diesen Ort zurückkehren. Durch die Seelenaugen deiner Mutter hast du die Pforte zum Leben und zu deinen eigenen Tiefen gefunden, aus denen du selbst einst entsprungen bist als Kind der ewigen Schöpfung.

Lass dir von deiner Seelenmutter eine Zahl von 1 bis 8 eingeben und lies im Anschluss an das Ritual deine persönliche Botschaft (→ Seite 191ff.) zu Mabon. *Hab Dank für deine Führung, große Mutter des Lebens!*

Abschied

Leg die Kristallkraft für Mabon bereit (→ Seite 190). Leg deine Hände darauf oder schau sie an, und zieh dann ihre Energie mit *Bitte* und *Danke* in deinen Körper hinein. Du stehst vor einem abgeernteten Feld und lässt deine Augen über die braunen Stoppeln gleiten. Dort in der Mitte des Feldes hast du die schönsten Ähren zu einem Strauß gebunden und als Dank für die überreichen Gaben der diesjährigen Ernte zurückgelassen.

Du hast deine Speicher gut gefüllt mit den Vorräten, die dir die Natur geschenkt hat. Du wirst genügend Nahrung besitzen, um den nahenden Winter gut zu überstehen. Du hattest viel Arbeit in diesem Jahr; du hattest den Samen im letzten Herbst in die Erde gelegt, du hattest ihn der Mutter Erde überlassen im Vertrauen, dass er aufgehen wird im Schutz der Dunkelheit des Mutterbauches. Du hattest im Frühjahr den kleinen zarten Trieb genährt mit deiner Liebe und Achtsamkeit, du hast ihn im Frühsommer groß werden sehen wie ein Kind, das wächst und immer selbstständiger wird. Du hast seine Reife gefeiert – und jetzt hast du alles abgeschnitten, entfernt und von der Mutter getrennt. Das ist der Preis, den du gezahlt hast, damit du in den Besitz der Materie, der Nahrung kommst. Du hast dich bedankt bei der Großzügigkeit der Mutter Erde, und dennoch fühlst du den Schmerz, der darin liegt, dass du etwas genommen und etwas zerstört hinterlassen hast. Du siehst dieses leere Feld, und du weißt, dass auch viele kleine Tiere, die auf und in ihm lebten, ihr Leben lassen mussten durch den Einsatz der Erntemaschinen und mit ihrem Blut den Boden getränkt haben. Auch sie haben sich für dich geopfert. Und du weißt und fühlst, dass es kein Nehmen ohne Verluste geben kann in diesem irdischen Leben. Es ist ein Gesetz, das der Dualität der Erde entspricht, an die du gebunden bist, so lang, bis du deinen Körper verlässt und keine stoffliche Nahrung mehr brauchst. Du kannst jetzt nichts mehr ändern, und das hätte auch keinen Sinn. Dieser Schmerz gehört zu dir und zu deinem Leben, und so musst du ihn einfach aushalten. Du kniest dich hin an den Rand des Feldes und überlässt dich deiner Trauer und nimmst Abschied. Abschied von der Fülle und Abschied von allem Leben, was jetzt zu Ende gegangen ist. Du nimmst Abschied von der Phase deines Lebens, in der Aufbau, Wachstum und Erntezeit war, und du weißt, es muss sein, denn die Phase der Ruhe und Innenschau ist nicht mehr

Abschied – Kommen und Gehen sind mit der Liebe verbunden.

weit, und auch diese Zeit will ihren Raum wieder einnehmen, so wie in jedem Jahr. Denn die Spirale des Lebens geht unendlich weiter.

MASRI AL SHAI.
MASRI AL SHAI.
MASRI AL SHAI.

Mit diesen Worten öffnest du dein Herz und deine Seele für die Gewissheit, dass alles mit allem verbunden ist, alle Zeiten mit allen Zeiten und alle Räume mit allen Räumen und dass es in Wahrheit keine Trennung gibt. Die Fülle ist mit der Leere verbunden, die Kälte mit der Wärme, die Freude mit der Trauer, der Körper mit dem Geist, die Seele mit dem Herzen, die Mutter mit dem Kind, der Tod mit dem Leben, der Abschied mit dem Willkommen. Und das leere Feld haucht dir den Atem der Gewissheit ein: Es ist gut, wie es ist, und in Wirklichkeit ist alles, was existiert, nur reine Liebe.

Lass dir von der großen Leere eine Zahl von 1 bis 8 eingeben und lies im Anschluss an das Ritual deine persönliche Botschaft (→ Seite 191ff.) zu Mabon. *Hab Dank für deine Führung, du göttliche Liebe, die alles trägt!*

Pflanzen, die sich zum Schmücken, Räuchern und Wertschätzen an Mabon eignen, sind: Getreideähren, Alant, Lavendel, Johanniskraut, Beifuß, Mariengras, Engelwurz, Kräuterbuschen.

MABON | HERBST-TAGUNDNACHTGLEICHE
DANKBARKEIT

Deine persönliche Botschaft zu Mabon

Zahl 1 – Die Wiederkehr

Du befindest dich in einer Phase der Umgestaltung, in der es für dich spürbar wird, dass Unnützes einfach wegbricht oder Dinge und auch Menschen sich sehr schnell verabschieden, was für dich wie ein Schock sein kann. Manchmal ist das Leben sehr radikal, und unser Verstand begreift nicht, warum das so sein muss. Altes und Verbrauchtes muss abgeschafft werden, aber du kannst, zumindest teilweise, mitbestimmen, auf welche Weise. Vielleicht musst du Dinge aus deinem Haushalt nicht einfach in die Mülltonne werfen, sondern gibst sie zu einer Organisation, die Menschen zusammenbringt und die diese Dinge verwerten können. Wirf Beziehungen zu Menschen nicht einfach weg, sondern kümmer dich um die Hilfestellungen, die du leisten kannst, damit alles friedlich abläuft. Denn alles kommt zu dir zurück.

Zahl 2 – Das Folgen

Du bist jetzt gefordert, in dich zu gehen und zu erfahren, ob du dich noch am richtigen Platz befindest. Das kannst du nur in Ruhe tun. Du hast deine Dinge lange Zeit sehr gut abgewickelt, aber es mag sein, dass es jetzt jemand anderen gibt, der noch besser passt als du. Das mag dir Schmerz oder Angst bereiten, oder du fühlst dich an das Ungenügendsein in deiner Kindheit erinnert. Aber es steckt viel Weisheit darin, seinen Platz einem würdigen Nachfolger zu überlassen, der deine Lehre besser weiterführen wird. Betrachte diese Dinge mit erwartungsvoller Freude in dem Wissen, dass du den Weg bereitet hast. Aber dieser Weg ist jetzt schön breit und bequem, und du kannst einen neuen Weg bereiten, den irgendwann auch einmal andere Menschen begehen können.

Zahl 3 – Die Vereinigung

Wenn es Hindernisse gibt auf deinem Weg, so lass davon ab, sie mit Gewalt und Durchsetzungsvermögen wegräumen zu wollen. Vielleicht erkennst du gar nicht, dass dich dieses Hindernis vor Schlimmerem schützen will. Vielleicht ist jenseits des Hindernisses eine große Bedrohung, und du würdest in Verwicklungen geraten, wenn du jetzt den Durchbruch wagst. Auch dieses Hindernis wird beseitigt, aber vielleicht nicht von dir selbst. Es mag im Dienste einer höheren Sache stehen, dass die Dinge jetzt so schwierig werden. Besprich die Lage zuerst einmal mit deinen Freunden oder den Personen, die auch von diesem Hindernis betroffen sind. Vielleicht weiß jemand etwas, von dem du noch keine Ahnung hast, und die Einigung entsteht wie von selbst.

Zahl 4 – Die Annäherung

Du hast hilfreiche, angenehme Begegnungen mit Menschen, die bereit sind, den Weg des Lichtes mit dir zu gehen. Du kannst diese Begegnungen mit Freude annehmen und Nutzen daraus ziehen. Dieser Nutzen ist jedoch kein materieller, sondern eher die Fülle, die für deine Seele daraus entsteht. Mach dir keine Sorgen um deine oder eure Zukunft, denn es ist für alle gesorgt. Die Erde und das Universum ernähren euch alle, und es gibt nichts, was wirklich sterben muss, denn selbst wenn der physische Körper vergeht, nimmt ihn die Erde wieder in ihre liebenden Arme, um ihn auf die Auferstehung vorzubereiten. Jede Begegnung, jede Berührung des Herzens, des Körpers und der Seele hat ihre Bedeutung. So lass dich berühren durch die Nähe, und empfange die Liebe.

Zahl 5 – Die Umwälzung

So wie die Schlange sich häutet, um ein besser geeignetes Kleid zu bekommen, so verändert sich gerade vieles in deinem stofflichen und ätherischen Leib, damit du wieder flexibel und jünger an Körper, Seele und Geist werden kannst. Vielleicht sind deine Gedanken eingerostet, oder du unternimmst immer das Gleiche, weil du nicht aus deinen alten Gewohnheiten ausbrechen kannst. Wenn es jedoch Zeit ist, aus dem Ei zu schlüpfen, dann kann das junge Küken nicht darauf bestehen, drin zu bleiben, weil es dort so schön war. Lass dich herausschubsen aus dem komfortablen Nest und werde flügge. Du bist erwachsen und kannst dein Leben selbst leben. Verlass deine Komfortzone und erfahre, wie schön selbst Anstrengung und Engagement sein können.

Zahl 6 – Das Verweilen

Bei jeder Wanderung braucht man irgendwann eine Rast und jedes brav klopfende Herz eine Pause. Das gilt vor allem dann, wenn der Weg schwierig geworden oder der Mensch nicht mehr so leistungsfähig ist, weil seine Zeit auf Erden fortgeschritten ist. Überprüfe, wo du deinen Platz zum Verweilen findest oder dein Zuhause, falls du immer wieder fortgegangen bist. Kühnheit und übertriebenes Engagement sind jetzt nicht gefragt, eher kühle Vernunft, um den weiteren Weg einzuschätzen. Jetzt aber raste erst einmal und ruh dich genügend lang aus, bis du wieder zu Kräften gekommen bist. Die Dinge werden auch einmal eine Weile ohne dich funktionieren.

Zahl 7 – Der Abschied

Die Zeichen der Zeit zeigen uns, dass die gegnerischen Kräfte stark geworden sind, und du bist vielleicht frustriert, weil du das Gefühl hast, dass du dich umsonst angestrengt hast. In der Polarität des Lebens und im Gesetz des Werdens und Vergehens gibt es aber Sieger und Verlierer, und zwar im Wechsel. So kannst du jetzt deine Wunden lecken, wenn du magst, oder dich dazu entscheiden, einen heilsamen Rückzug anzutreten dorthin, wo du Schutz und Sicherheit und einen geborgenen Platz findest. Hier wirst du Ruhe finden, aber auch Inspiration und Eingebungen, die von den göttlichen Kräften kommen. So genährt, wirst du wissen, wann es Zeit ist, wieder ans Licht zu treten.

Zahl 8 – Die Beruhigung

Das Gesetz des Lebens beinhaltet den regelmäßigen Wechsel von Ruhe und Bewegung. Du aber lebst in einer Gesellschaft, in der vor allem die Bewegung zählt oder besser die Ruhelosigkeit, was dein Zentrum, dein Herz, stark belastet. Du solltest jetzt dafür sorgen, dass dein Herz zur Ruhe kommt, damit es nicht aus dem Takt gerät und dein ganzer Körper darunter leidet. Das könnte mithilfe von Yoga-Übungen geschehen oder mit Spaziergängen in der Natur, bei denen du schweigst, oder durch eine lange Auszeit. Wichtig ist es, dass du dein Herz im Alltag beachtest und seine Sprache verstehen lernst, damit du nicht immer erst zu spät erkennst, dass dein Herz Beruhigung braucht. Sei gut zu dir.

WIR
sind alle
EINS.

Danksagung

Mein Dank und mein Segen ergeht an folgende Menschen und Wesen, die für die Entstehung dieses Buches entscheidend waren: Raphael und sein Team, herzlichen Dank für die stets kollegiale und offene Zusammenarbeit. Ich weiß, dass das nicht selbstverständlich ist. Besonderen Dank auch an euch, ihr geistigen Führer, ihr unsichtbaren Geschöpfe und Erdwesen, die mich stets liebevoll begleiten, auch wenn mir das manchmal nicht bewusst ist. Ich weiß, ihr meint es immer gut mit mir und führt mich zu wundervollen Ideen und Inspirationen. Darüber bin ich glücklich. Danke an die göttliche Quelle, an Vater Universum und an Mutter Erde mit all ihren Geschöpfen. Danke an alle meine Freunde, Herzheilungsfrauen und Ritualbegleiter, dass ihr bei persönlichen und kollektiven Heilungsritualen, die uns immer ein Stück weiterbringen, für mich da seid. Danke an alle, die dies lesen und die mich aus meinen Kursen oder privat kennen und die ich alle sehr schätze. Ihr spürt und wisst, dass ich euch hiermit danke, auch wenn ich euch nicht namentlich aufführe. Wir sind verbunden von Herz zu Herz.

Danke an Morgana, die Hüterin des Sees, die mich vor vielen Jahren unter dem Brentor bei Glastonbury unter ihren schützenden Mantel genommen und mir so voller Zutrauen die Geheimnisse ihrer Reise offenbart hat. Dieses Buch ist entstanden, weil du und andere Naturwesen dies so wollten. Und danke an die so großartige Natur, die Altes verwertet, Neues gebiert und uns jedes Jahr aufs Neue an das Wunder des Lebens erinnert.

Energie kann niemals verloren gehen.

Zur Autorin

Roswitha Stark (geb. 1959) zählt zu den erfolgreichsten Autorinnen im Bereich der Schwingungs- und Informationsmedizin. Sie ist seit über 20 Jahren als Heilpraktikerin, Coach und Expertin für energetisches Heilen tätig. Viele Jahre arbeitete sie als klassische Homöopathin, bevor sie die Kraft von Symbolen entdeckte und herausfand, dass die Zeichen eine eigene energetische Sprache sprechen und als Heilmittel oft noch kraftvoller wirken als die klassischen Mittel. Ihr Wissen bietet sie als Dozentin in Kursen zur Schwingungsmedizin an und veröffentlicht zahlreiche Bücher zu diesem Thema.

Internet-Seiten von Roswitha Stark:

- www.roswithastark.de
- www.seelencodes.de
- www.medizin-zum-aufmalen.de

Gestaltung der Kristallkarten:
graner.sina@gmail.com

Haben Sie Fragen an Roswitha Stark?
Anregungen zum Buch?
Erfahrungen, die Sie mit anderen teilen möchten?

Nutzen Sie unser Internetforum:
www.mankau-verlag.de/forum

Weitere Veröffentlichungen der Autorin

Auch als Download erhältlich!

Roswitha Stark
Rituale im Jahreskreis
Meditationen für Körper, Seele und Erde
Hörbuch mit Einführung in die Ritualarbeit
(2 Audio-CDs, Gesamtlaufzeit ca. 118 Min.)
ISBN 978-3-86374-189-1

Roswitha Stark lädt ein, alltägliche wie auch die kraftvollen Rituale der keltischen und germanischen Tradition lebendig und heilsam zu gestalten. So kommen Körper, Geist und Seele zur Ruhe und können frisch gestärkt den Anforderungen des täglichen Lebens begegnen. Wenn wir lernen, achtsam mit unseren Ritualen umzugehen, spüren wir, dass unser Bewusstsein uns selbst, die Erde und sogar das Universum heilen kann.

Auf der ersten Audio-CD erfährt der Hörer alles über die praktische Ritualarbeit: vom richtigen Zeitpunkt über die Vorbereitung, Reinigung und Einstimmung auf das Ritual bis hin zur feierlichen Durchführung mit Meditation und angemessenem Abschluss.

Die zweite Audio-CD behandelt die acht elementaren Stationen im Jahreskreis und bietet dazu kraftvolle Meditationen, um Heilenergien für Mensch, Erde und Seele freizusetzen: Samhain (Allerseelen), Modhro (Wintersonnwend), Imbolc (Lichtmess), Ostara (Tagundnachtgleiche Frühjahr), Beltane (Maifest), Litha (Sommersonnwend), Lughnasad (Fest der Schnitterin) und Mabon (Tagundnachtgleiche Herbst).

Die meditative 432 Hz-Musik – in Harmonie mit dem Menschen – wurde von gareth komponiert und produziert.

Roswitha Stark
Energetischer Organcheck. Kartenset
111 Symbolkarten für Gesundheit, Wohlbefinden und Lebenskraft
ISBN 978-3-86374-559-2

Symbole sprechen eine eigene, wundersame Sprache: Sie geben Schwingungen ab, die anregende oder harmonisierende Informationen in den Körper, in Organsysteme oder physiologische Abläufe transportieren können. Gezielt ausgewählt können Symbole daher wertvolle Heilimpulse für Gesundheit und Wohlbefinden liefern.

Roswitha Stark stellt mit diesem Kartenset 111 Symbolkarten für alle wichtigen Organsysteme und Körperfunktionen zur Verfügung. Durch die Arbeit mit den Karten bekommen Sie einerseits einen Hinweis darauf, welche Organe ein Defizit auf der energetischen Ebene haben könnten. Andererseits nehmen Sie zugleich wertvolle Heilimpulse auf und können gezielt Ihre Selbstheilungskräfte aktivieren.

- 96 Heilsymbolkarten: Kraftvolle Symbole für unsere Organe, Organsysteme und Körperfunktionen
- 11 Ursachenkarten: Automatische Balancierung und Bereinigung der tieferen Ursachenebenen von Erkrankungen oder Unwohlsein
- 4 Testkarten zum gezielten „Organcheck“ und zur Auswahl des passenden Heilsymbols
- 64-seitiges Booklet mit eingehender Beschreibung der Symbole sowie der verschiedenen Auswahl- und Testmöglichkeiten

Roswitha Stark
Familienstellen mit Symbolen
Optimale systemische Lösungen auf dem Papier entwickeln
Buch: ISBN 978-3-86374-471-7, Klappenbroschur, 206 Seiten
Kartenset: ISBN 978-3-86374-528-8, 220 Impuls-Karten, 9 große Testlisten-Karten und 24-seitiges Booklet

Roswitha Stark
Der Heiler in Dir
Die inneren Seelencodes in Sekundenschnelle selbst aktivieren. Derzeit nur als E-Book erhältlich
E-Book pdf: ISBN 978-3-86374-111-2
E-Book epub: ISBN 978-3-86374-112-9

Roswitha Stark
Heilen mit Seelencodes
Symbole, Zahlen, Buchstaben und Wörter als Schlüssel zur Matrix. Mit zahlreichen Anleitungen und Fallbeispielen
ISBN 978-3-86374-044-3, Broschur, durchgehend farbig, 189 Seiten

Roswitha Stark
Heilen mit Seelencodes. Das Kartenset
Persönliche Heilbilder aus Symbolen, Zahlen, Wörtern und Farben erstellen
ISBN 978-3-86374-098-6, Set mit 64 Karten (8 x 12 cm), 62-seitigem Begleitheft und stabiler Testscheibe

Petra Neumayer & Roswitha Stark
Heilen mit Symbolen
Die 64 wichtigsten Heilzeichen
ISBN 978-3-86374-045-0, Taschenbuch, 167 Seiten

Petra Neumayer & Roswitha Stark
Medizin zum Aufmalen (Kartenset)
64 Symbolkarten: Strichcodes der Neuen Homöopathie, Heilige Geometrie, Symbole aus aller Welt
ISBN 978-3-938396-59-9, 64 Karten, 8-seitiges Booklet

Petra Neumayer & Roswitha Stark
Medizin zum Aufmalen 1
Heilen mit den Zeichen der Neuen Homöopathie. Praktische Anwendung, Tipps und Fallbeispiele
ISBN 978-3-86374-355-0, Taschenbuch, 158 Seiten

Petra Neumayer & Roswitha Stark
Medizin zum Aufmalen 2
Neue Homöopathie und Heilsymbole aus aller Welt. Mit zahlreichen vertiefenden Arbeitshilfen und Testlisten
ISBN 978-3-86374-358-1, Taschenbuch, 238 Seiten

Petra Neumayer & Roswitha Stark
Medizin zum Aufmalen für Tiere
Geliebte Tiere ganzheitlich heilen – ungeliebte Tierchen sanft umsiedeln
ISBN 978-3-86374-409-0, Taschenbuch, 207 Seiten

Petra Neumayer & Roswitha Stark
Medizin zum Aufmalen für Kinder
Sanfte Heilung und Entwicklungsförderung vom Säugling bis zum Schulkind
ISBN 978-3-86374-412-0, Taschenbuch, 222 Seiten

Christina Baumann & Roswitha Stark
Praxisbuch Neue Homöopathie
20 bewährte Testlisten für den Einsatz in der Pendel-, Tensor- oder Kinesiologie-Praxis
ISBN 978-3-86374-106-8, Spiralbindung, 21 x 29,7 cm, stabil und abwaschbar, 46 Seiten

Roswitha Stark
Strichcoding
144 kraftvolle Heilzeichen für den Soforteinsatz.
Mit A2-Plakat für die einfache Anwendung!
ISBN 978-3-86374-284-3, 2. kompl. überarbeitete Auflage 2020, Klappenbroschur, ca. 223 Seiten

Christina Baumann & Roswitha Stark
Homöopathische Symbolapotheke
101 kraftvolle Schwingungsmittel für Energie- und Informationsarbeit, Meditation und Heilpraxis
Buch: ISBN 978-3-86374-400-7, Klappenbroschur, 222 Seiten
Kartenset: ISBN 978-3-86374-464-9, 101 Symbol- und 10 Testkarten, 8-seitiges Booklet

Thomas Künne & Roswitha Stark
Heilen mit dem kosmischen Ton
Stimmgabel-Therapie für Einsteiger.
Mit einem Vorwort von Dr. Ruediger Dahlke
ISBN 978-3-938396-60-5, Broschur, 150 Seiten

Literaturverzeichnis

Andeweg, Hans:
In Resonanz mit der Natur
Michaels Verlag, Peiting 2000
ISBN 978-3-89539-299-3

Argüelles, José:
Der Maya-Faktor
Eigenverlag M. Bender, Furth im Wald 2001
ISBN 978-3-936043-00-6

Bader, Marlis:
Räuchern mit heimischen Kräutern
Goldmann Verlag, München 2008
ISBN 978-3-442-21811-0

Bächtold-Stäubli, Hanns (Hrsg.):
Handwörterbuch des deutschen Aberglaubens
10 Bände
Weltbild Verlag, Augsburg 2005
ISBN 978-3-8289-0808-6

Brück, Axel:
Die Kraft der Rituale
Arun Verlag, Uhlstädt-Kirchhasel 2008
ISBN 978-3-86663-023-9

Farmer, Steven D.:
Magie der Erde
Koha-Verlag, Burgrain 2013
ISBN 978-3-86728-236-9

Jones, Kathy:
Avalon
Arun Verlag, Uhlstädt-Kirchhasel 2012
ISBN 978-3-86663-071-0

Ruland, Jeanne:
Das Geheimnis der Rauhnächte
Schirner Verlag, Darmstadt, 8. Aufl. 2009
ISBN 978-3-89767-865-1

Sheldrake, Rupert:
Das schöpferische Universum
Nymphenburger Verlag, München 2008
ISBN 978-3-48501-132-7

Storl, Wolf-Dieter:
Naturrituale
AT-Verlag, Aarau, 6. Aufl. 2004
ISBN 978-3-85502-964-8

Storl, Wolf-Dieter:
Pflanzendevas
AT Verlag, Aarau, 5. Aufl. 1997
ISBN 978-3-85502-763-7

Stichwortregister

N

O

P

Q

R

S